애플 콤플렉스

애플 콤플렉스

초판 1쇄 인쇄 2012년 12월 5일
초판 1쇄 발행 2012년 12월 10일

지은이   이병주
펴낸이   신민식

책임편집   황남상
편집   김미란 · 경정은
디자인   신동기
마케팅   계소영
경영지원   김경희

펴낸곳   가디언
출판등록   2010년 4월 27일
주소   서울시 마포구 서교동 394-66 동우빌딩 3층
전화   02-332-4103(마케팅) 02-332-4104(편집실)
팩스   02-332-4111
전자우편   gadian7@naver.com
블로그   http://blog.naver.com/gadian7
인쇄·제본   (주)상지사 P&B
종이   월드페이퍼(주)

ISBN 978-89-94909-31-8

애플 콤플렉스

[Apple Complex]

이병주 지음

가디언

Steve Jobs
1955-2011

모방해서는 안 될 특수한 성공 요인

지난 수년간 앞으로 기업에 확산될 새로운 경영 패러다임에 대해 고민했다. 2008년 글로벌 금융위기는 경제에만 충격을 주지 않고, 기업 경영에도 상당한 영향을 주었다. 금융위기 이후 상시적 불확실성에 대비할 수 있는 경영시스템에 대한 모색이 계속되었다. 물론 미래 경영의 새로운 대안 찾기는 아직 결론이 나지 않은 채 현재진행형이다. 경영 연구를 주업으로 삼는 사람으로, 나도 몇 년 동안 이 주제에 몰두했다. 그 결과를 《촉》이라는 미완의 책에 담았다.

공교롭게도 비슷한 시기에 애플이 경영 환경을 파괴하기 시작했다. 2007년 여름, 첫 아이폰이 나왔을 때만 해도 그 영향력은 제한적이었지만, 이듬해 두 번째 아이폰은 휴대폰 산업의 지형을 뒤흔들기 시작했다. 불과 몇 년 만에 애플은 휴대폰 업계의 지형도를 완전히 뒤바꿔놓았다. 하루아침에 업계 상위를 달리고 있던 우리 기업들이 타격을 받았고, 이제 겨우 그 충격에서 벗어나고 있다. 그러나 확고부동한 1등이었던 노키아는 아직도 침체의 늪에서 빠져나오지 못하고 있다. 애플이라는 기업 자체가 불확실성을 일으키는 태풍의 눈이었다.

경영학자와 연구자들에게 애플은 뜨거운 감자다. 지난 몇 년간 업계에 가장 커다란 영향력을 미친 기업이지만, 경영방식이 워낙 독특해 학문적인 틀로 설명할 수 없기 때문이다. 경영 연구자로서 애플은 한 번쯤 해부해볼 가치가 있다고 생각했다. 그래서 불확실성을 돌파할 수 있는 미래 경영시스템과 불확실성을 몰고 온 애플에 대한 연구를 병행했다. 그리고 그 결과를 이 책에 정리했다.

애플처럼 이렇게 많은 관심을 받은 기업이 또 있을까. 지난 몇 년 동안 언론에는 애플 관련 기사가 넘쳐났다. 애플에 대한 화제는 두 종류로 요약된다. 애플 예찬, 아니면 애플 깎아내리기다. 올 초까지만 해도 언론들은 애플의 혁명과 독창성에 대해 다루었다. 하지만 점점 애플이 개척한 스마트폰이나 태블릿 PC가 대중화되고, 최근 출시한 제품이 획기적이지 못하다는 평가를 받으면서 언론의 기조가 깎아내리기로 변했다. 그리고 결국 최근에는 스티브 잡스 사후 애플에 혁신이 없어졌다며 쇠락설을 주로 보도하고 있다. 하지만 일각에서는 여전히 애플을 추종하고, 호평하는 사람들도 많다. 이처럼 왔다 갔다 하는 애플에 대한 보도는 하나의 공통점이 있다. 애플에 대한 콤플렉스가 짙게 배어 있다는 점이다. 맹목적인 추종이든, 희망이 들어간 비난이든 이미 애플 관련 기사들은 객관성을 잃었다.

오랜 기간 애플을 연구한 끝에 내린 결론은 '애플에 너무 과민할 필요가 없다'는 것이다.

첫째, 애플은 배울 수 없는 회사다. 애플의 방식을 똑같이 따라 해도 결코 같은 결론을 얻을 수 없다. 애플의 성공은 시대적 필요에 의해 우연히 선택되었기 때문이다. 애플은, 비유하자면 김기덕 감독의 영화처럼, 소수 마니아들이 찾던 회사였다. 줄곧 자신들이 좋아하는 일만 해오던 애플에게 시대 상황과 사회적 여건이라는 기회가 와서 성장할 수 있었던 것이다. 창업자인 잡스의 경험과 컴퓨터 산업의 오락화, 모바일 네트워크의 도래 등 시대적 특수성이 절묘하게 만나 애플은 떴다. 이는 전혀 의도하거나 계획한 것이 아니었다. 심지어 오늘날의 애플을 존재하게 해준 아이폰 역시 우연에 우연을 거듭한 결과 개발하게 된 것이다.

이렇게 애플의 방식은 보편성이 별로 없다. 특수 상황에서 효과가 발휘된 독특한 방식을 벤치마킹하는 것은 결국 시간낭비가 될 수 있다. 왜 애플을 따라 할 수 없는지에 대한 내용은 1장에서 자세히 살펴본다.

둘째, 그나마 애플에서 배울 수 있는 보편적 법칙은 '애플을 따라 하지 말라'다. 애플이 성공한 이유는 남을 모방하지 않고 자신이 좋아하고 잘하는 일을 꾸준히 해왔기 때문이다. 그러니 애플의 특징을 잘 이해했다면 애플을 따라 하지 말아야 한다. 이는 2, 3, 4장에서 다루었다.

셋째, 배우지 말아야 할 애플의 방식이 있다. 애플은 선택과 집중에 탁월하다. 이로 인해 높은 영업이익률을 올리고 있으며, 언론과 전문가들은 이를 높이 평가한다. 그러나 이 방식은 일반 기업이 따라 하면 매우 위험하다. 그 이유에 대해서는 5장에서 분석했다.

넷째, 현재 애플은 변화하고 있다. 스티브 잡스가 세상을 떠난 후, 애플은 과거의 독창적인 회사에서 평균적인 기업으로 향하고 있다. 이는 규모가 커진 애플이 장수기업으로 거듭나기 위해 어쩔 수 없이 선택해야 하는 숙명이기도 하다. 이제 애플에서도 애플 방식은 사라질 것이다. 6장에서 이런 애플의 미래에 대해 다루었다.

요컨대, 애플은 벤치마킹의 대상으로 적절하지 않다. 우리가 과감하게 애플 콤플렉스를 버려야 할 이유다.

책을 쓰다보면 항상 애초에 의도하지 않던 배움을 얻게 된다. 그래서 책은 읽는 사람보다 쓰는 사람에게 더 큰 가르침을 준다. 이 책도 마찬가지였다.

애플에 대한 높은 관심은 애플이 성공 기업이기 때문이다. 즉 성공 기업을 따라 하면 똑같은 성과를 낼 수 있을 거라는 가정에서다. 개인은 같은 이유로 성공한 사람에게 관심을 갖는다. 성공한 사람이 쓴 책을 읽고 강연을 들으며, 그 비결을 궁금해하는 이유는 따라 하면 나도 성공할 것 같기 때문이다.

하지만 애플의 성공에는 우연한 상황이 많다. '커다란' 성공을 한 사람들의 성공 스토리와 매우 비슷하다. 그들은 대부분 재능이나 노력을 꽃피울 수 있는 우연한 상황을 만나 성공하게 되었다. 속담 중 '작은 부자는 노력으로 가능하지만 큰 부자는 하늘이 낸다'는 말처럼 결국 성공은 개인의 노력과 재능만으로는 불가능하다.

이 부분에서 딜레마에 빠졌다. 애플이 지금처럼 도약한 과정을 자세히 알면 애플을 똑같이 따라 하라고 말할 수 없다. 성공한 사람을 모방하는 것도 그렇다. 운까지 따라 할 수는 없는 노릇이기 때문이다. 반대로 애플을 배우지 말라고 단순하게 결론 내리기에도 뭔가 찜찜하다. 성공한 사람에게 모든 성공은 운에 의한 것이니 잘난 척하지 말라고 말할 수 없는 것처럼, 애플 역시 꾸준히 노력하고 핵심 역량을 키워왔기 때문이다. 그들의 성공이 계획에 의한 것은 아닐지라도, 그들의 노력은 성공 확률을 높이는 데 지대한 역할을 했다. 그렇다면 성공하기 위한 방법은 없는 것일까. 아마 성공한 사람을 따라 하는 것과 무시하는 것, 양 극단 사이의 어딘가에 답이 있다고 생각된다.

이 딜레마를 고민하다보니, 성공을 다른 차원에서 바라보게 되었다. 개개의 성공 비결을 도출해내지 않고, 성공 과정에 초점을 맞춰 복잡한 메커니즘에 대해 살펴본 것이다. 다시 말해, '이렇게 하면 성공한다'라는 학습자의 태도에서, '성공은 이런 것이더라'는 관찰자 입장으로 관점을 전환했다. 그러자 성공에 대해 더 많은 것이 보였다. 이 내용에 대해서는 1장 마무리 부분에 정리해두었다.

성공의 의미를 다시 한 번 되새길 수 있는 계기가 되기를 바라는 마음에서 이런 관점을 이 책 전체의 행간에 넣었다. 마지막으로 이 책이 끊임없이 남과 비교해 상대적인 성공의 가치를 되새김질하는 국내 기업들에게 생각을 전환할 수 있는 기회가 되기를 바란다.

참고 : 애플 스토리에 집중하기 위해, 등장인물의 영문 표기나 경영성과, 제품 가격, 사양 등 세세한 정보는 가능하면 축소하거나 단순화했다.

Contents

Chapter 1.

모방할 수 없는 스티브 잡스 효과

애플의 방식은 쉽게 따라 할 수 없다. 창업자인 스티브 잡스의 경험과 생각이 고스란히 담겨 있기 때문이다. 상품기획 과정부터 디자인 특성, 사업방식, 마케팅 철학, 심지어 신제품의 종류에 이르기까지 잡스라는 한 개인의 성향이 고집스럽게 반영되어 있다. 잡스의 생각과 고집은 그의 기질과 경험에 의해 만들어졌다. 그리고 그의 평범하지 않은 성격이나 경험은, 애플의 독창성으로 귀결되었다. 나는 이렇게 애플이 잡스의 개성에 좌우되는 현상을 '잡스 효과'라고 부른다.

잡스 효과라고 지칭한 이유를 조목조목 따져보면 이렇다. 첫째, 애플은 세계에서 가장 비싸고 매출도 큰 회사이지만 스티브 잡스가 세상을 떠나기 전까지 창업회사였다. 그러니 창업자의 스타일이 애플 경영에 고스란히 반영될 수밖에 없었다. 둘째, 잡스는 굉장한 마이크로매니저micromanager, 세세한 부분까지 관리하는 경영자였다. 애플에서 나오는 모든 제품의 사소한 부분까지 그의 입김이 닿지 않은 곳이 없을 정도였다. 셋째, 잡스는 굉장히 독단적이고 독선적인 인물이었다. 주변의 모든 상황을 자신이 통제해야만 직성이 풀릴 정도여서 회사 운영에 있어 잡스 이외의 다른 사람이 끼어들 여지가 없었다.

애플의 방식을 따라 할 수 없는 또 다른 이유는 애플의 성공이 정교한 계획과 실행에 의해 이루어진 것이 아니라 시대 상황에 따라 우연히 얻어진 것이기 때문이다. 픽사의 성공, 아이팟의 히트, 아이폰 열풍 등 잡스가 이룬 애플 신화 중 애초에 의도한 것은 하나도 없다. 그동안 잡스가 축적해놓은 것들이 시대 상황과 우연히 맞아떨어졌을 뿐이다. 그런 점에서 똑같은 결과를 기대하고 시작하는 모방은 애플과 어울리지 않는다. 내가 통제할 수 없는 수많은 변수에 따라 다른 결과가 나올 수밖에 없으므로 우연을 따라 하는 것은 매우 어리석다.

물론 애플의 독창성이 성공의 밑거름이 된 것은 분명하다. 그러나 다른 특수한 사정이 너무 많았다. 애플의 독창성은 수많은 변수 중 하나에 불과했고, 다른 시대, 다른 환경에서는 통하지 않을 수도 있는 요인이었다. 그러니 애플의 독창성이 어떤 계기로 성공의 기회를 잡았는지 따져보려면, 잡스부터 알아야 한다.

이미 널리 알려졌듯이 잡스는 입양되었다. 우선 그의 생부 이야기부터 시작하는 게 좋을 것 같다.

죽기 전까지 사춘기

"설사 죽음이 다가오고 있다고 해도, 스티브에게 전화할 수는 없을 거예요. 그 아이가 제게 전화하기 전까지. 재산을 노리고 연락하는 거라고 스티브가 생각하지 않겠어요. 그건 시리아인의 자존심이 허락하지 않습니다."

스티브 잡스가 건강 문제로 CEO 자리에서 사퇴한 직후, 한 언론에서 그의 생부와 접촉했다. 이때 잡스의 친부인 압둘파타 존 잔달리는 인터뷰에서 자기가 먼저 연락을 취하지는 않을 거라고 단언했다.

"하지만 아비로서 아들의 여행에 동참하지 못한다는 건 매우 슬픈 일이에요. 너무 늦기 전에 그 아이가 제게 찾아와서 그냥 커피라도 한 잔 하면 얼마나 좋을까, 늘 이런 희망을 가지고 있어요. 너무 늦기 전에 말이죠."

그러나 잡스는 죽을 때까지 그의 생부에게 연락하지 않았다.

그 아버지에 그 아들이었다. 잡스의 생부는 강한 자존심을 아들에게 그대로 물려준 것, 또 그를 포기한 것에 대해 뒤늦은 후회를 하고

친부인 압둘파타 존 잔달리

있었다. 아들이 너무 성공해 오히려 친아버지로 나서기 어려운 가혹한 현실을 탓할 수밖에 없었다. 하지만 그 역시 네바다 주 리노에 위치한 카지노의 부사장으로 돈이 궁한 사람은 아니었다.

잔달리는 시리아의 부호 가문에서 태어나 최고 교육을 받고 자랐다. 미국 위스콘신대학교 정치학과 대학원에서 유학했고, 이때 잡스의 생모 조앤 시블을 만났다.

조앤 시블 역시 사업으로 성공한 집안의 출신이었다. 그녀의 아버지는 매우 엄격해서, 딸이 시리아 출신의 이슬람교도와 사랑에 빠진 것을 알고 인연을 끊겠다며 둘의 교제를 극렬히 반대했다. 하지만 둘 사이에서 아이가 생겼고 아버지를 설득할 수 없었던 시블은 아이를 포기하고 만다. 잡스를 입양 보내고 얼마 후 얄궂게도 시블의 아버지가 세상을 떠났다. 시블과 잔달리는 그동안의 생이별을 보상이라도 받으려는 듯 곧바로 결혼식을 올린다. 이들은 입양 보냈던 잡스를 되찾으려고 애를 쓰지만 이미 엎질러진 물이었다.

잡스의 입양은 전적으로 그의 생모가 결정한 것으로 잔달리도 이에 대해서는 매우 안타까워했다.

"조앤은 제게 말을 하지도 않고 샌프란시스코로 가서 아이를 낳았어요. 갑자기 사라졌죠. 그녀는 자신의 가족에게 흠이 되길 원하지 않았어요. 모두를 위한 선택이었다고 봐요. 하지만 제가 선택할 수 있었다면 절대로 아이를 포기하지 않았을 거예요. 스티브가 이 사실을 알고 있는지 모르겠어요.”

자존심이 센 잔달리였지만 언론을 통해 자기 식대로 잡스에게 러브콜을 보낸 게 아닐까. 그는 아들이 죽기 전에 얼굴이라도 한 번 보아 평생 가슴에 지니고 있던 응어리를 풀고 싶었을 것이다. 그러나 잡스는 생부의 제스처에 회답하지 않았다. 평소에도 잡스는 친부모에 대해 냉담하게 말하곤 했다.

“아버지는 나의 정자은행일 뿐, 그 이상도 그 이하도 아닙니다.”

잡스의 생부 일화로 이 글을 시작한 건, 그가 사망하자 출간된 ‘공식’ 전기인 《스티브 잡스》를 보면서 갖게 된 의문 때문이다. 나는 잡스의 전기에 그의 친부모에 대한 이야기를 자세히 다루기를 바랐다. 그들의 성장 환경과 성격을 통해서 잡스의 특이한 기질을 이해할 수 있을 것 같았기 때문이다. 하지만 책에는 잡스의 친부모에 대한 이야기가 거의 언급되지 않았다.

그 책은 900쪽이 넘을 정도로 매우 두껍다. 전기 전문 작가이자, 이 책의 저자인 월터 아이작슨은 잡스의 인생에서 중요한 사람들을 대부분 만났다. 그리고 젊은 시절 만난, 짧은 인연을 맺은 사람들과의 일화도 자세히 밝힐 정도로 잡스와 관련된 인물은 다 소개한다.

그런데도 그의 생부에 대한 이야기가 나오지 않은 것은 잡스가 원하지 않았기 때문일 것이다. 분명 아이작슨은 생부를 만나서 인터뷰했을 것이다. 매우 드라마틱한 생부와 잡스에 대한 이야기가 제일 먼저 호기심을 자극하니 말이다. 그래도 만나지 않았다면, 잡스가 전기를 쓰는 조건으로 생부에 대해 쓰지 않겠다는 약속을 사전에 받았을 게 틀림없다. 아이작슨은 잡스의 뜻을 존중해서 그의 생부를 만나지 않았거나, 만났더라도 그와의 우정을 끝까지 지키고자 그 이야기를 세상에 내놓지 않았던 게 아닐까.

즉, 잡스는 죽기 전까지 생부를 용서하지 않았던 것으로 보인다. 잡스는 양어머니가 사망하자 생모와 여동생을 찾았고, 이후 그들을 가끔씩 만났다. 그러나 생모와 여동생을 버리고 이혼했다는 이유로 생부에 대한 원망은 평생 내려놓지 않았다.

하지만 전문가들은, 입양된 사람들이 어릴 때는 자신을 버린 친부모를 원망하지만 성장하면 대개 만나고 싶어 하며, 특히 사춘기 이후 정체성 혼란을 겪게 되면서 뿌리 찾기에 나서기 마련이라고 말한다. 또 성공한 사람일수록 아량이 넓어져 생부모를 용서하고, 과거에 대한 정리도 잘한다고 한다.

그러나 잡스는 죽을 때까지 생부를 용서하지 않았다. 세계에서 가장 유명한 기업가로 성공했음에도 자신을 버린 생부에 대한 원망과

한을 풀지 않았다. 입양아 문제를 상담하는 전문가들은 잡스의 이런 행동이 사춘기 입양아들에게서 나타나는 전형적인 유형이며, 또 그 이외의 여러 가지 행동 패턴도 잡스에게서 찾아볼 수 있다고 말한다.

입양아는 버림받았다는 사실로 인해 어린 시절 슬픔과 고통에 괴로워한다. 자기에게 무슨 잘못이나 흠결이 있어서 버려졌다고 생각해 열등감에 시달리기도 하고, 정체성에 혼란을 느끼기도 한다. 이런 부정적인 감정들은 사춘기에 분노로 표출되어, 부모나 교사에게 반항하고, 권위적인 대상에 노골적인 불만을 품는다. 이러한 분노는 대부분 사춘기를 지나 성인이 되면서 누그러지고, 있는 그대로의 자신을 받아들이면서 긍정적으로 세상을 보게 된다.

이런 점에서 잡스는 평생 사춘기였다. 평생 분노의 감정을 품고 살았다. 분노는 그의 행동을 지배하는 근원적인 감정이었다. 아이러니한 것은 그의 분노와 반항심이 양날의 검처럼 상처를 내기도 했지만 혁신의 출발점이 되기도 했다는 점이다. 기존 제품에 대해 불만을 넘어 분노했기에 새로운 제품을 내놓을 수 있었고, 기존 비즈니스 환경에 대한 반항심이 새로운 사업모델을 구축하게 만들었다.

한편 잡스는 뛰어난 능력을 가지고 태어났다. 잡스는 초등학교 시절 공부보다는 친구들과 짓궂은 장난에 열중했다. 그러다 한 선생

님을 만나서 수학에 빠져들게 된다. 1년 후 본 수학 실력 평가에서 고등학교 2학년 수준의 놀라운 결과를 받게 된다. 학교 측은 잡스의 부모에게 4학년을 마치고 두 학년을 월반해 7학년에 편입시키자고 제안했다. 하지만 평소 아들의 성향을 잘 알고 있는 그의 부모는 두 학년은 무리라고 판단해 한 학년만 월반시켰다.

이처럼 잡스는 뭔가에 흥미가 생기면 미치도록 빠져들었고, 지적 능력도 보통 이상이었다. 그는 누가 봐도 인정할 만한 천재였다. 어려서부터 자신의 뛰어난 능력을 알던 잡스는 뱃속에 오만함을 키우게 되었다.

그는 어디에서든 최고가 되어야 했다. 자기가 최고가 될 수 없는 곳에는 아예 발조차 들이지 않았고, 일단 한 분야에 빠지면 누구든 이겨야 직성이 풀리는 강한 승부욕을 보였다. 아마 이런 오만함은 버림받음에 대한 고통을 치유하는 수단이었던 것 같다. 자신은 절대로 버림받을 정도로 부족한 사람이 아니며, 오히려 누구보다 뛰어난 존재라는 사실을 늘 자각할 수 있었을 테니까.

곰곰이 생각해봐야 할 것은, 분노와 오만은 서로 상반된 개념이라는 점이다. 분노는 타인과의 관계에서 피해를 입었다고 여겨 분하게 여기는 감정이다. 이 피해의식은 곧잘 열등감에서 발현된다. 오만은 태도나 행동이 건방지거나 거만해 타인을 무시하는 행동으로 남보다 자신이 낫다고 생각하는 우월감에서 나온다. 사실 이 둘은 양립하기가 쉽지 않다.

아버지를 죽인 원수를 갚기 위해 평생 검술을 연마해서 원수를 찾아가지만 그가 이미 늙고 병들어 그냥 돌아온다는 무협지 스토리처럼 대부분 상대보다 우월해지는 순간 분노나 복수심은 사라진다. 성공한 사람이 과거에 자신을 해코지했던 사람을 용서하는 것도 같은 맥락으로 볼 수 있다.

그런데 잡스는 분노와 오만을 동시에 지니고 살았다. 그는 성공해 부와 명예 등 많은 것을 가진 후에도 여전히 콤플렉스에 사로잡혀 살았다. 항상 남을 무시하면서도 동시에 피해의식에 시달렸다. 이런 점에서 보면 그는 기업가가 아닌 예술가에 가깝다. 어떤 작가가 이야기한 것처럼 예술가는 열등감과 우월감, 콤플렉스와 뛰어남, 쾌락적 성향과 사색적 성향, 영적인 것과 물질적인 것 등 상반되는 두 가지 성향을 가졌으면서도 둘 다 제대로 기능을 발휘하는 사람이다. 예술가처럼 잡스도 내면에서 끊임없이 싸우는 두 가지 상반된 기질을 발휘해 창조물을 만들어냈다. 잡스는 늘 이랬다저랬다 변덕이 아주 심하고, 좀처럼 예측이 불가능해서 주변 사람들을 힘들게 했다고 한다. 예술가적 성향인 그의 마음에서 반대 기질이 서로 충돌하고 있어 늘 불안했던 것은 아닐까.

잡스는 또 주변을 완전히 통제하고 지배하려는 성향을 보였다. 이 통제욕구 역시 입양아들이 흔히 보이는 행동 패턴 중 하나다. 자기 삶에 대해 결정권을 갖지 못했기 때문에 버려졌다고 생각해서, 입양아들은 사춘기 때 양부모나 주변 사람들과 주도권 다툼을 한다고 한다. 죽기 전까지 사춘기였던 잡스는 일상생활부터 회사 경영, 사업방식에 이르기까지 자신과 관계된 모든 면에서 강한 통제욕구를 보였다.

요컨대 잡스를 이해하기 위해서는 다음 세 가지 단어만 기억하면 된다. 분노, 오만, 통제욕. 잡스의 행동을 지배하는 내재적인 분노와 오만이 겉으로 강한 통제욕^{지배욕} 으로 표현되는 것이다.

이런 그의 성향은 어린 시절 일화에도 잘 나타난다.

항상 1등을 꿈꾸다

잡스는 캘리포니아 주 샌타클래라 카운티에 있는 도시 마운틴뷰에서 자랐다. 마운틴뷰는 미국 하이테크 산업의 메카인 실리콘밸리에 위치해 있다. 다른 지역에 비해 집값이 저렴해서 실리콘밸리에서 일하는 많은 엔지니어들이 이곳에 거주했다. HP처럼 유명 첨단 기업에 다니는 엔지니어들이 잡스의 이웃에 살았던 것이다.

게다가 이들은 주말이 되면 자기 집 차고에서 납땜을 하고 회로를 만지면서 시간을 보낼 정도로 취미와 직업을 구분할 수 없는 사람들이었다. 어린 잡스는 이런 엔지니어 아저씨들의 차고를 찾아다니며 놀았다. 거기서 전자제품을 만드는 방법을 배웠고, 부품을 얻어와서 자신의 작업대에서 조립을 하기도 했다. 자동차 수리를 좋아했던 아버지가 차고에 만들어준 작업대였다. 잡스는 학교에서보다 이 집 저 집의 차고를 기웃거리며 배운 것이 더 많았다. 이런 경험을 하면서 잡스는 정작 중요한 것은 학교에서 가르쳐주지 않는다고 생각했다. 그러다 보니 자연스레 학교 공부는 점점 뒷전으로 밀려날 수밖에 없었다.

공부보다는 장난치는 것을 더 좋아하고, 1960년대를 이끈 캘리포니아의 자유로운 히피문화에 영향 받아 고등학교 때 마리화나와 환각제를 복용하기도 했다. 물론 공부와 아예 담을 쌓은 건 아니었다. 스스로 중요하다고 생각되는 과목은 열심히 했다. 특히 전자 기기 조립 실습을 할 수 있는 전자공학 수업은 열심히 들었다. 실습을 위해 HP의 창업자인 빌 휴렛에게 전화를 걸어 부품을 얻기도 했다. 심지어 학교에 없는 부품을 구하기 위해 부품회사에 전화해 새로운 제품을 설계하고 있으니 해당 부품을 보내달라고 거짓말을 하기도 했다. 결국 항공 화물로 부품을 얻은 이 일화는 유명하다. 어릴 때부터 잡스는 배짱이나 수완이 보통이 아니었다.

고등학교 때부터 전자 기기에 관심이 많은 괴짜 친구들과 어울렸는데, 이들을 통해 같은 동네에 사는 스티브 워즈니악을 소개받는다. 잡스보다 다섯 살 많은 워즈니악은 '워즈'란 애칭으로 불렸는데 전자공학의 천재였다. 군수업체 록히드의 엔지니어였던 아버지에게 어려서부터 수학과 과학, 전자공학에 대한 이론과 실기를 모두 선행 학습한 덕분에 학창 시절 내내 온갖 과학경시대회에서 1등을 차지했다. 고등학교 때는 종이에 컴퓨터를 설계하고, 머릿속에서 돌려보는 등 천재성을 유감없이 드러냈다. 그 이후에도 컴퓨터를 머릿속에 설계하고 종이에 그리는 것은 워즈니악의 취미가 되었다. 실제로 종이에 그린 설계도에 따라 제작한 컴퓨터가 바로 애플 I 이다.

잡스와 워즈니악은 만나자마자 통했다. 관심사도 같고 취미도 비슷했다. 잡스는 그때까지 만나본 사람 중 전자공학에 대해 자기보다 더 잘 아는 사람은 워즈니악이 처음이라고 술회했다. 워즈니악 역시 잡스에 대해 알게 되자 놀라게 된다. 자신이 하는 전자공학 설계에 대한 설명을 다른 아이들에 비해 너무 쉽게 이해했기 때문이었다. 그리고 둘은 좋아하는 음악도 같아 포크음악의 거장인 밥 딜

런에 푹 빠져 있었다. 그들은 밥 딜런 노래의 가사가 어떤 의미인지 서로 토론을 하기도 했다.

그뿐만 아니라 워즈니악 역시 짓궂은 장난을 좋아했다. 뛰어난 재능에 비해 대인관계 등 정서 지능이 뒤떨어지는 워즈니악은 주로 혼자 놀았는데, 대부분 전자 기기를 만들어서 장난을 치는 것을 좋아했다. 휴대용 전파송신기를 만들어 기숙사나 교실의 텔레비전이 나오지 않게 만들어 친구들이나 선생님을 당황하게 만들기도 했다. 워즈니악이 잡스를 만난 이후로는 이런 짓을 같이 꾸몄다.

당시 워즈니악의 기술과 잡스의 실행력이 만나 저지른 최고의 장난은 전화망을 해킹해 공짜로 전화할 수 있는 기계, 블루박스를 만든 것이었다. 워즈니악은 어느 날, 전화회사의 네트워크 신호를 복제하는 방법으로 장거리 전화를 공짜로 이용할 수 있다는 기사를 보았다. 이 사실을 잡스에게 알리자마자, 그는 도서관을 다 뒤져서 이 기계를 만들 수 있는 정보를 찾아냈다. 워즈니악이 설계하고 잡스가 부품을 구해서 만든 블루박스는 다른 해커들이 만든 것보다 성능이 좋았다. 이들은 블루박스로 로마 교황청에 전화해 교황을 바꿔달라고 하는 등 전화번호를 아는 곳은 세계 어디든 장난전화를 하며 놀았다.

그러면서 잡스는 이 기계의 상업성에 눈떠 사람들에게 팔아보기

창업 초기의 스티브 잡스와 스티브 워즈니악

로 했다. 그리고 얼마 후 총 제작비가 40달러인 블루박스를 150달러에 팔았다. 소문이 나자 100대 넘게 금방 팔렸다. 1만 달러가 넘는 거금을 벌어들인 것이다. 얼마 후 단속이 심해져 곧 손을 뗐지만 잡스의 기획과 워즈니악의 엔지니어링 능력이 결합되면 엄청난 시너지를 낼 수 있다는 사실을 알게 해주었다.

잡스는 워즈니악과 만난 후 전자공학에 점점 더 빠져들었다. 당시 실리콘밸리의 고등학생들에게 전자공학은 선망의 대상이었기 때문에 관련 동호회도 많이 생겨났다. 잡스도 전자공학 클럽에 여러 군데 가입해서 최신 지식을 익혀나갔다.

고등학교를 졸업한 후에는 실력자들이 모인 동호회 '홈브루 homebrew 컴퓨터 클럽'에 나갔다. '홈브루'란 술을 집에서 빚는다는 뜻으로, 홈브루 컴퓨터 클럽은 말 그대로 '수제 컴퓨터 동호회'란 뜻이다. 실리콘밸리에 사는 초기 컴퓨터광들이 각종 부품, 회로장치로 컴퓨터를 스스로 조립하는 데 필요한 정보를 교환하기 위해 모인 곳이었다. 회원들은 자기가 설계한 컴퓨터를 가지고 나와 다른 친구들과 정보를 공유하면서 스스로 배워나갔다. 잡스와 워즈니악도 이 클럽에 나가서 열심히 활동했다. 잡스와 워즈니악은 이 클럽에서 활동하면서 만든 컴퓨터를 판매하려다가 애플을 창업했다.

잡스의 어린 시절을 접하면서 문득 의문이 하나 일었다. 잡스가 아이폰 같은 위대한 제품을 만들 수 있었던 것은 아이러니하게도 그가 컴퓨터 기술을 몰랐기 때문이라는 말 때문이었다. 그가 회로나 기기 설계에 능한 엔지니어였다면 혁신적인 디자인이 도저히 나올 수 없었을 거라고 했다.

아무리 예쁜 디자인을 구상하더라도 대부분 회로나 기기 설계를 구현하는 과정에서 기술적으로 불가능하다고 깨닫게 되면 디자인을 포기하게 마련이다. 아니면 처음부터 하드웨어 장벽이나 엔지니어링 상식 내에서 디자인을 고안하게 된다.

소프트웨어 지식도 마찬가지다. 결국 프로그래밍을 잘 알면 알수록 기술의 한계를 우선적으로 염두에 두기 마련이고, 그러면 사용하기 편리한 운영체제를 생각해내기 어렵다. 자연스럽게 아이폰 같은 편리함과 감성적인 소프트웨어를 탑재한 혁신적인 제품은 절대로 나올 수 없다는 말이다. 애플에 대해 잘 알고 있는 사람들도 이런 주장에 동의한다.

한때 애플 컴퓨터를 이끌었던 존 스컬리는 이와 관련한 경험을 털어놓았다.

"애플 내의 모든 것은 디자인이라는 렌즈를 통해 보면 가장 잘 이해할 수 있습니다. 연달아 애플과 마이크로소프트의 회의에 참석

한 친구가 있었어요. 그가 애플의 회의실에 들어간 지 얼마 되지 않아 디자이너들이 들어왔습니다. 그러자 모두 하던 이야기를 멈췄지요. 디자이너의 이야기를 듣기 위해서였어요. 이어 그날 오후에 마이크로소프트에서 회의를 했습니다. 하지만 디자이너는 단 한 사람도 들어오지 않았습니다. 엔지니어와 기술팀 사람들은 모두 디자인이 어떠해야 하는지 하나씩 의견을 내놓았습니다.”

잡스가 인터뷰에서 밝혔던 아이맥 개발에서도 같은 경우를 발견할 수 있다.

“화려한 네온빛의 아이맥은 공상과학 만화의 한 장면 같았어요. 아이브 디자인 실장와 함께 그걸 들고 엔지니어들에게 갔을 때, 그들은 그게 불가능한 이유를 서른여덟 가지나 들이댔습니다. 제가 말했죠. ‘그래도 우린 이대로 만들 겁니다.’ 그러자 그들이 물었어요. ‘왜요? 어떻게요?’ 저는 이렇게 대답했어요. ‘난 CEO이고 그게 가능하다고 생각하니까요.’ 결국 그들은 마지못해 일을 시작했고, 그렇게 대히트 제품이 탄생한 겁니다.”

실제로 소프트웨어를 직접 설계할 줄 아는 빌 게이츠는 잡스가 프로그래밍을 할 줄 모른다고 무시했다.

“잡스는 무엇이 고객에게 통하는지 놀라운 직감을 가지고 있었지만, 컴퓨터 기술에 대해서는 별로 아는 게 없었어요.”

이 대목에서 의문이 든 것이다. 잡스는 실리콘밸리에서 자랐다. 이웃집 차고를 들락거리며 엔지니어들에게 전자 기기 조립하는 법을 배웠다. 그 과정에서 수없이 회로를 만져보았을 것이다. 고등학교 때는 동호회에서 컴퓨터광들과 어울렸다. 대개 컴퓨터 천재들은 대학 전공과 상관없이 어릴 때부터 프로그래밍이나 엔지니어링 기술을 익히는 경우가 많다. 더욱이 잡스는 수학에 천부적인 소질을 타고났다. 회로 설계나 프로그래밍을 배우려고만 했더라면 친절한 워즈니악이 가르쳐주었을 것이다. 워즈니악은 이미 미국 내에서 최고 실력을 가지고 있었으니까. 잡스가 컴퓨터 기술을 익힐 수 있는 조건들이 완벽하게 갖추어져 있었다. 하지만 그는 끝까지 배우지 않았다.

잡스의 성격을 내밀히 들여다보면 컴퓨터 기술을 배우지 않은 이유가 바로 워즈니악 때문이 아닐까 하고 추측해볼 수 있다.

잡스는 사춘기를 심하게 앓았다. 권위에 반항했고, 최고라고 일컬어지는 것들을 모두 거부했다. 동시에 자기가 최고라고 생각했다. 아무리 뛰어난 사람도 자신보다 낮게 여겼고, 아무리 멋진 물건도 남이 만든 것은 쓰레기라고 평가절하했다. 반항심과 오만함을 동시에 갖고 있던 잡스는 최고를 만나면 사람이든 제품이든 거부했다.

그리고 잡스는 자신만의 방법으로 최고가 되었다. 최고를 이기는 방법은 두 가지다. 첫째, 최고를 넘어서는 것, 둘째, 최고를 무시하는 것이다. 즉, 최고와 싸워 이길 수 없다면 그 가치를 인정하지 않고 다른 가치로 승부하는 것이다. 그래서 잡스는 자기가 잘할 수 없는 분야에는 관심을 두지 않았고, 중요하다고 인정하지도 않았다. 한때 잡스는 수영에 빠져 클럽에 가입해 활동한 적이 있었다. 강인한 체력이 뒷받침되어야 하는 수영은 잡스가 최고가 될 수 있는 종목이 아니었다. 수영팀에서 함께 활동했던 한 친구는 "스티브는 경기에서 지면 분에 못 이겨 울부짖곤 했다"고 회상할 정도였다. 얼마 후 잡스가 수영을 그만두는 것은 예정된 수순이었다.

워즈니악은 컴퓨터 공학의 천재였다. 미국 내에서 누구와 겨뤄도 실력이 뒤지지 않았다. 잡스도 이 점을 잘 알았을 것이다. 아마도 잡스는 워즈니악을 처음 만났을 때부터 직감적으로 알았을 것이다. 그때부터 컴퓨터 기술로는 워즈니악을 넘어설 수 없다고 생각했던 게 아닐까. 그래서 컴퓨터 기술을 익힐 수 있는 좋은 환경에서도 의식적으로 배우려고 하지 않은 것일지도 모른다.

그 대신 워즈니악이 별로 관심을 두지 않았던 디자인에 끈질기게 집착하고 몰두한 것 같다. 프로그래밍이나 설계로는 워즈니악을 넘을 수 없으니, 디자인이라는 전혀 다른 영역에서 승부하려고 한 것이다.

 이런 잡스의 성격은 애플의 전략에도 그대로 반영된다. 애플은 1980년대 퍼스널 컴퓨터personal computer, 일명 PC 산업 초창기에 IBM과 경쟁했다. 기업용 컴퓨터에 집중하던 IBM은 개인 PC 분야에 뒤늦게 뛰어들었지만, 기술과 자본에서 이미 컴퓨터 업계를 리드하고 있었다. 선두기업인 IBM은 PC 산업이 나아가야 할 게임 룰을 제시했다. 호환성과 표준화를 선도해 다른 업체들이 따라오게 한 것이다. 성능이 중시되던 시기에 여러 회사에서 만든 부품과 소프트웨어를 호환해 사용할 수 있다는 것은 소비자들에게 선택의 폭을 넓혀주는 것이었다. 이 전략은 적중했고, 대부분의 PC 업체들이 저절로 IBM의 뒤를 따랐다.

 그러나 애플은 이를 거부했다. 잡스는 이것저것 넣어 만든 울퉁불퉁한 컴퓨터를 쓰레기라고 폄훼했고, 애플은 자체 제작한 하드웨어와 소프트웨어만을 장착한 예쁜 컴퓨터를 내놓았다. 일반 소비자들은 IBM 계열 컴퓨터를 구입했고, 디자인을 고려하는 마니아들은 애플 제품을 구입했다. 그러다 보니 매출에서 IBM에 뒤질 수밖에 없었다. 하지만 잡스는 애플에서 만든 컴퓨터가 훨씬 우수하다고 자평했다. 아마 이 당시에도 IBM과 같은 방식으로 싸워서는 절대 넘을 수 없다고 판단한 것으로 보인다. 기술과 자본이 월등한 IBM이 제시한 방식을 따라 하는 것으로는 아무리 잘해도 2등에 머물 수밖에 없음을 안 것이다. 이런 애플의 삐딱한 전략은 이후에도 계속 반복된다. 재미있는 사실은 이런 잡스의 성격에 기반한 전략이 애플의 독창성이 창출되는 지점이라는 점이다.

이처럼 잡스는 자기중심적이었다. 다른 사람들의 객관적인 의견보다는 자신의 주관을 더 중요하게 여겼다. 그래서 모두 성공이라고 축하하고, 실제 애플 컴퓨터 신화를 만든 애플 II의 성공에 대해서도 그는 불만족스러워했다.

25세, 억만장자가 되다

애플 컴퓨터를 설립하기 전까지 잡스는 딱히 무엇을 하겠다는 인생의 목표 없이 방황하며 보냈다. 대학에도 가지 않겠다고 우기다가 미국에서 학비가 가장 비싼 인문학 전통의 리드대학을 택했다. 그러나 수업에는 관심이 없었고, 선불교에 빠져 동양의 정신세계에 몰두했다. 비슷한 관심을 가진 친구들과 환각제를 복용하며 기행을 일삼기도 했다. 수도승처럼 항상 맨발로 다녔으며, 육체를 정화시킨다면서 채식을 고집했다. 그러다가 넉넉지 않은 부모님의 돈만 축낸다는 생각에 첫 학기를 마치고 학교를 그만두었다. 하지만 자유로운 대학 분위기가 마음에 들었는지 친구들의 기숙사를 전전하며 1년을 더 리드대학에서 보낸다.

1974년으로 해가 바뀌어 노는 게 슬슬 지겨워지자 열아홉 살의 잡스는 부모님 집으로 돌아와 직장을 구하기로 결심한다. 그리고 당시 실리콘밸리의 젊은이들에게 인기 있던 게임업체 아타리에 입사했다. 아타리는 오락실용 아케이드 게임을 만드는 회사로, 즐기면서 일하는 곳이라는 평판이 자자한 엔지니어들의 천국이었다. 오늘날 구글 같은 분위기라고 생각하면 된다.

아타리에서도 잡스의 기행은 계속되었다. 수개월 동안 목욕을 하지 않아 악취가 진동해 동료들이 불만을 제기할 정도였다고 한다. 그래서 밤에만 나와서 일을 했는데, 어려운 일을 맡게 되면 워즈니악에게 도움을 요청하기도 했다. 이들이 밤에 나와서 개발한 게임이, 정확히 말하자면 워즈니악이 개발한 게임이 바로 당시 세계적으로 히트한 벽돌 깨기다.

그래서인지 잡스는 아타리에서 몇 달간 일해 번 돈으로 선불교 스승을 만나겠다고 나섰던 7개월간 인도 여행에서 돌아오자마자 곧바로 복직할 수 있었다.

아타리에 복직한 이후 워즈니악이 당시 결성된 지 얼마 안 된 홈브루 컴퓨터 클럽에 나가자고 제안했다. 이때부터 잡스와 워즈니악은 한 몸처럼 활동하게 된다. 컴퓨터 마니아들이 모인 이 동호회에서 회원들은 새로 입수한 컴퓨터 관련 지식과 부품 정보를 교류하고, 손수 만든 컴퓨터를 자랑했다. 고등학교 때부터 종이에 컴퓨터 도면을 그리는 게 취미였던 워즈니악도 실제 부품을 이용해 조립한 컴퓨터를 테스트해보았다. 놀랍게도 오류 없이 잘 구동되었고, 시중에 나온 제품보다 성능도 좋고 사용하기도 편리했다. 워즈니악은 동호회 회원들에게 제작해보라며 자기가 만든 컴퓨터의 설계도 사본을 돌렸다. 이때 사업적인 기질이 발동한 잡스는 사람들이 회로기판을 만들 시간이 없으니, 직접 만들어서 팔자고 제안한다.

워즈니악이 판매할 수 있는 회로기판을 만드는 동안 잡스는 회사 설립을 준비했다. 당시 잡스는 근처 사과농장의 선불교 모임에 정기적으로 나갔다. 그래서인지 잡스는 회사 이름을 애플 컴퓨터로 하자고 제안했고, 1976년 4월 1일 공식적으로 설립되었다. 워즈니악은 회로기판에 필요한 부품을 조립하여 전원과 모니터만 연결하면 사용할 수 있게 만들었다. 그리고 애플 I이라고 이름 붙였다. 컴퓨터 제작은 부품을 외상으로 구매한 후 잡스 부모님의 집 차고에서 했다.

컴퓨터 판매는 생각보다 쉽게 이루어졌다. 홈브루 컴퓨터 클럽에서 알게 된 사람이 관심을 보여 500달러에 50대나 주문을 받았다. 이때 번 돈으로 더 제작해 홈브루 클럽 친구들에게 50대를 팔고, 100대는 소매점에 납품했다.

애플 I은 완벽한 형태의 컴퓨터가 아니었다. 당시에 출시된 다른 퍼스널 컴퓨터보다 사용하기는 쉬웠지만, 전원장치, 키보드, 텔레비전 같은 모니터를 소비자가 따로 연결해야 하는 불편함이 있었다. 그래서 워즈니악은 애플 I보다 더 완벽한 형태의 컴퓨터를 구상했고, 이 사실을 안 잡스는 사업을 더 확장하고 싶어 했다. 하지만 완제품을 생산하려면 케이스 생산설비에만 10만 달러가 넘게 들어갈 터였다.

어느 정도 사업 구상을 마친 잡스는 투자자를 구하러 다녔고, 인텔 출신의 마이클 마쿨라를 만나게 된다. 그는 워즈니악이 제작하고 있던 애플 II에 대한 이야기를 듣자 선뜻 25만 달러를 투자하기로 결정했다. 회사의 지분은 잡스와 워즈니악, 마쿨라가 동등하게 3분의 1씩 나누기로 해, 1977년 1월 현재 형태의 애플 컴퓨터 주식회사가 공식 출범했다. 이때부터 본격적인 사업이 시작되었다고 봐야 한다. 회사 직원도 열 명 넘게 늘었고, 잡스의 집 차고에서 벗어나 번듯한 임대 사무실로 옮겼다. 그전까지 HP를 다니면서 밤에만 작업을 해야 했던 워즈니악도 회사를 그만두고 애플 컴퓨터에 전념하게 된다.

워즈니악은 애플 II의 설계와 기술적인 부분을 담당했지만 디자인은 잡스가 맡았다. 잡스는 애플 II의 개념을 기업용 전자 기기가 아닌 소비자 가전으로 잡았다. 그래서 백화점에 전시된 기존 가전제품의 디자인을 참고했다. 모든 컴퓨터들이 금속 케이스로 출시되던 때, 애플 II의 케이스를 플라스틱으로 채택한 이유도 개인이 가정에서 사용하는 가전제품임을 드러내기 위해서였다.

이런 잡스의 생각은 시대를 상당히 앞서간 것으로 보인다. 초창기 컴퓨터는 주로 기업에서 생산성 향상 도구로 활용되었다. 이런 때 개인의 오락용 컴퓨터를 구상했으니 너무 빨랐다. 이런 사업 방향은 이후 애플에 지속적으로 적용된다. 애플이 디자인에 집착한 이유도 여기에 있다. 기업에서 필요한 기기는 처리 속도가 빠르고 효율성이 높아야 한다. 그러니 모양보다는 성능이 우선이다. 하지만 가정에서 개인이 사용할 때는 다르다. 디자인을 더 중시한다. 그러나 성능이 절대적으로 열악했던 PC 산업 초기에는 개인 소비자들도 디자인보다는 성능을 중요시했다.

디자인이 중요해지는 시기는 기능적으로 충분히 발전했을 때, 즉 성숙기일 때다. 기술 수준이 소비자들의 요구를 넘어설 정도의 시대가 되어야 미적 욕구로 이전된다. 배고플 때는 맛보다 양을 따지지만 먹을 게 흔해지면 맛과 분위기를 우선시하는 것과 같다. 잡스

애플 Ⅰ

애플 Ⅱ

는 기술의 시대에서 아름다움의 시대로 넘어가기 한참 전부터 제품의 미학에 몰두한 셈이다.

잡스는 아주 세밀한 부분까지 한 번에 넘어가지 못하고 애플 II의 케이스 디자인에 집착했다. 케이스를 도색할 색을 결정하기 위해 업체와 만났을 때, 2,000 종류의 베이지색을 보았지만 모두 퇴짜를 놓을 정도였다. 잡스는 좀더 다른 베이지색을 내놓으라고 업체 담당자에게 생떼를 썼다. 하지만 잡스가 찾던 베이지색은 끝내 만들지 못했고, 결국 다른 동료들의 설득으로 넘어갔다. 케이스의 모서리 부분을 어느 정도로 둥글게 마감할지에 대해서도 며칠 동안 고민했다. 아마 이 무렵부터 잡스가 제품에 대한 통제욕을 보인 것 같다. 그러다가 점점 심해져서 자신의 마음에 들지 않으면 제품을 출시하지 않을 정도까지 이르렀다.

이렇게 잡스가 지난한 싸움을 하며 완성된 애플 II는 1977년 4월, 샌프란시스코에서 열린 컴퓨터 박람회에서 첫 선을 보였다. 키보드와 모니터까지 갖춘 말끔한 컴퓨터는 사람들을 놀라게 만들었다. 6월에 판매를 시작한 애플 II는 그해 연말까지 2,500대, 1979년까지 5만 대, 1981년에는 21만 대까지 팔렸다. 16년 동안 애플 II는 다양한 모델로 출시되며 600만 대 가까이 팔리는 효자 모델이 되었다.

애플 II의 성공에 힘입어 1980년 12월 애플 컴퓨터는 주식시장에 기업을 공개했다. 그리고 애플의 놀라운 성장세를 지켜보던 수많은 투자자들이 몰려들어 기업 가치가 무려 18억 달러까지 올라갔다. 25세의 나이에 잡스는 2억 5,000만 달러가 넘는 자산을 보유한 억만장자가 되었다.

애플 컴퓨터의 초창기 시절은 잡스의 방황만큼이나 복잡하다. 연표로 정리했다.

1972년 가을 리드대학 입학, 한 학기 만에 자퇴

1973년 리드대학 기숙사를 전전하며 히피문화와 선불교에 심취

1974년 게임업체 아타리에 입사, 그때 번 돈으로 7개월간 인도 여행

1975년 홈브루 컴퓨터 클럽에 나가면서 워즈니악이 제작한 회로기판
　　　판매 시도

1976년 회로기판을 개선하여 애플 I을 완성, 이를 판매하기 위해 애플
　　　컴퓨터 설립

1977년 컴퓨터 박람회에서 애플 II를 공개한 후 판매 대히트

1980년 애플 주식 상장. 스티브 잡스 억만장자 등극

연표를 보면 대학을 그만두고 애플 컴퓨터를 창업해 사업을 성공

시킬 때까지, 모든 일이 잘 풀려 승승장구했다고 말할 수밖에 없다. 그러나 이 무렵 잡스는 전혀 행복하지 않았다. 애플 II의 성공으로 부와 명성을 얻었음에도 불구하고 그는 항상 불만에 쌓여 있었다.

애플의 성공에서 자신의 이름이 빠져 있다고 여겼기 때문이다. 모든 사람들이 애플 II를 워즈니악의 창조물로 알고 있었다. 물론 그가 회로 설계를 한 건 분명했다. 하지만 사람들의 눈에 띄는 디자인을 고안하고, 마케팅을 총괄한 것은 잡스 자신이었다. 잡스는 스스로 자신의 노력이 없었다면 대중 시장에서 성공하기란 불가능했을 거라고 생각했다. 그러나 애플 II가 출시되었을 당시, PC 산업은 제품의 디자인보다는 기능을 훨씬 중요하게 여기던 초창기였다. 사람들이 워즈니악의 공로를 인정한 것은 당연했다.

하지만 잡스는 시대 분위기가 어떻든 조연에 익숙한 사람이 아니었다. 그에게 애플 컴퓨터가 성공했다는 사실은 중요하지 않았다. 사람들이 애플 II의 성공에 대해 이야기할수록 참을 수 없는 모욕감을 느꼈을 것이다. 그래서 누구라도 인정할 수밖에 없는 자기만의 창조물을 만들기 위해 몸부림치기 시작했다. 그럴수록 그의 몰락은 빠르게 다가왔다.

'잡스 컴퓨터' 만들기, 매킨토시

1983년 1월 말, 캘리포니아 중부에 있는 작은 도시 카멜의 한 호텔. 식당에서 아침 식사를 하던 손님들은 창밖 야외 풀장에서 벌어진 광경에 놀라 손을 놓았다. 한 무리의 젊은이들이 나체로 수영을 즐기고 있었기 때문이었다. 그들은 사람들의 시선에 아랑곳하지 않고 계속 수영을 했다. 그 모습에 얼굴이 벌게진 식당 손님들이 혀를 차며 자리를 피했다.

괴짜 나체족은 바로 잡스가 데리고 온 사람들로, 새로 개발 중인 컴퓨터 매킨토시의 개발팀 멤버들이었다. 이들은 잡스를 신봉하며, 그를 따라 특이한 행동을 즐겼다. 그날 이후 호텔에서는 애플 직원을 출입 금지시켰지만, 잡스는 틈만 나면 워크숍을 가 개발팀 사람들에게 에너지를 불어넣었다.

잡스는 독특한 경영방식으로 유명한데 대부분의 에피소드가 매킨토시 개발을 이끌 때의 일이었다. 당시 잡스는 다른 업무에서는 손을 떼고 매킨토시 개발에만 주력했는데, 수시로 티셔츠를 만들어 팀원들에게 돌렸다. 특히 직원들을 모아놓고 연설을 할 때나, 워크숍을 가서 자신의 생각을 담은 티셔츠를 나눠주었다. 돈이 아니라 제품 개발 자체를 즐기자는 의미의 '여행 자체가 보상이다', 쉬

매킨토시

운 길보다는 도전을 택하자는 뜻의 '해군이 되느니 해적이 되는 게 낫다', 컴퓨터 산업을 바꿀 위대한 제품을 만들자는 의미의 '우주에 흔적을 남기자', 심지어 더 나은 제품 개발을 위해 격무도 감수하자는 '일주일 90시간 작업' 등 수많은 메시지를 담아 티셔츠를 제작했다. 이를 통해 잡스는 자신의 생각을 멤버들에게 전달한 것이다.

특히 잡스는 회사 내에서 매킨토시 팀을 특별한 존재로 각인시켰다. 그는 매킨토시 팀 멤버들을 일일이 선별해서 뽑았다. 동시에 다른 일들은 철저히 무시했다.

가령 애플 II 사업부에서 가장 뛰어나다고 알려진 프로그래머를 갑자기 찾아가 대화를 나눈다. 그리고 마음에 들면 그 자리에서 통보한다. "좋은 소식이 있어요. 이제부터 당신은 맥 팀이에요." 그가 지금 하던 일은 마무리해야 한다면서 시간을 며칠 더 달라고 하자, "매킨토시보다 중요한 게 어디 있어요?"라며 작업 중인 컴퓨터의 전원을 뽑아버린다. "애플 II 따위가 뭐가 중요하다는 거요? 애플의 미래는 바로 매킨토시에 있소. 그러니 당장 맥 팀으로 갑시다."

사무실도 건물을 따로 얻어서 사용했다. 또 비디오게임 시설과 장난감들이 즐비하고, 최고급 스피커가 장착된 오디오 시스템이 설치된 휴식 공간도 만들었다. 개발 멤버들은 밤낮으로 일하다가 여기에서 스트레스를 풀곤 했다. 잡스는 사람들에게 영감을 준다며 세계 3

대 명품 피아노로 알려진 뵈젠도르퍼 피아노와 BMW 오토바이를 들여놓기도 했다. 매킨토시 멤버들도 잡스의 최면에 걸려 스스로를 특별한 존재라고 생각하게 되었고, 그렇게 행동했다. 한 직원은 검은 천에 해골을 그려 넣은 해적 깃발을 만들고, 건물 꼭대기에 걸었다. 나머지 직원들에게 맥 개발 팀원들은 특별하다는 것을 과시하기 위한 표시였다. 해적 깃발은 몇 주 동안 펄럭이며 다른 직원들을 기분 나쁘게 만들었다. 하지만 잡스는 이 일을 매우 좋아했다.

창업자로서 리더의 위치에 있던 잡스는 왜 이런 철부지 어린애 같은 짓을 하고 다녔을까. 당시 잡스의 기행은 다분히 의도적인 부분이 있었던 것 같다. 애플 II의 성공이 워즈니악의 공로로 인정받은 것에 화가 난 잡스는 자기만의 컴퓨터 매킨토시를 개발하고 있다는 사실을 세상에 떠들썩하게 알리고 싶었던 게 아닐까. 애플 II의 성공에서 중추적인 역할을 했음에도 불구하고 자신을 알아주지 않던 사람들에게 반항하고 있었던 것이다. 이런 식으로 생각하면 그의 허영심에 웃음이 터지다가도 20대 중반에도 여전히 사춘기의 내면적 갈등을 겪고 있었다는 사실에 안타까운 마음이 들기도 한다.

잡스는 매킨토시 개발에서만은 엔지니어에게 공로를 빼앗기면 안 된다고 생각했다. 사실 매킨토시 개발은 공학박사 출신의 제프 래스킨이라는 엔지니어가 추진하고 있던 프로젝트였다. 래스킨은

값싼 부품을 사용해 일반 대중에게 공급할 중저가 컴퓨터로 매킨토시를 기획했다. 하지만 공들였던 애플 Ⅲ가 시장에서 참패하고, 고성능 컴퓨터 리사 개발에서도 주도권을 쥐지 못하자 잡스는 매킨토시에 눈독을 들였다.

마쿨라가 영입한 CEO 마이클 스콧은 잡스의 의견에 동조했다. 당시 잡스는 여기저기에서 직원들과 마찰을 일으키는 트러블메이커였다. 스콧은 상대적으로 중요도가 낮은 제품이었던 매킨토시 개발에 잡스를 묶어두는 것이 해결책이라고 생각했다. 잡스가 매킨토시를 담당하게 되자 핵심 엔지니어인 래스킨이 문제가 되었다. 잡스는 무리한 일을 시켜서 괴롭히기도 하고, 래스킨만 따돌린 후 회의를 주재하기도 해 결국 쫓아냈다. 이로써 매킨토시는 잡스의 컴퓨터가 되었다.

잡스는 매킨토시로 또 한 번 세상을 놀라게 만들고 싶었다. 때마침 제록스의 팰러앨토 연구소에서 혁신적인 기술을 보았다. 팰러앨토 연구소는 상품화 압력에서 벗어나 자유롭게 최첨단 디지털 기술을 연구하고 있었다. 제록스가 애플에 투자한 것을 계기로 팰러앨토 연구소를 탐방했을 때, 잡스는 마우스와 그래픽 인터페이스를 보았다. 그래픽 인터페이스는 오늘날 일반화된 컴퓨터 운영체제로 사용자가 컴퓨터에 명령을 내리고 정보를 출력할 때 문자가 아닌 그래픽에 의해 교류가 이루어지는 작동 방식이다. 당시에는 명령어 입력 방식을 사용하고 있었다. 이 방식은 당연하게 받아들여지고 있었으나 사용자가 여러 명령어를 외워야 했기 때문에 불편했다. 잡스는 화면상에 표시된 메뉴나 아이콘을 마우스로 지정함으로써 명령을 내리는 편리한 그래픽 입력 기술이 컴퓨터의 미래가 될 거라고 직감했다. 잡스는 즉시 팀원들에게 단가가 300달러인 마우스를 15달러에 만들라고 지시했고, 매킨토시에 적용할 그래픽 인터페이스 개발에 돌입했다.

이 두 가지 기술을 애플이 차용한 것은 컴퓨터 업계 역사상 가장 유명한 도용으로 평가된다. 잡스도 이를 인정했다. 오히려 그것을 자랑스럽게 여기며 뻔뻔스러운 말을 하기도 했다.

"피카소는 '좋은 예술가는 모방하고 위대한 예술가는 훔친다'라고 말했습니다. 우리는 훌륭한 아이디어를 훔치는 것을 부끄러워한 적이 없습니다."

잡스는 이중 잣대를 가지고 있었던 게 분명하다. 나중에 마이크로소프트가 윈도우에 그래픽 인터페이스를 차용했을 때 매킨토시를 베꼈다며 분노에 찬 비난을 퍼부었고, 삼성전자에 대해 소송을 시작한 것도 아이폰 디자인을 도용했다는 이유에서였다. 잡스는 '모방'을 '훔침'과 '도용'이라는 두 가지 의미로 나누어 생각했던 것은 아닐까.

　도용은 남의 것을 몰래 베끼는 것이고, 훔치는 것은 가져와서 내 것으로 만드는 행위다. 그래서 아무리 비슷하게 만든다고 해도 단순한 도용은 여전히 남의 것이고, 훔쳐서 자기 것으로 만들면 주인이 된다고 생각한 것 같다. 훔쳐서 내 것이 된다면 그 이후에는 마음대로 주무를 수 있게 되고, 새로운 것을 재창조할 수 있다. 그래서 잡스는 자신은 훔쳤지만, 마이크로소프트와 삼성전자는 도용했다고 본 것이다.

　여기서 짚고 넘어가야 할 부분은 잡스의 통찰력이다. 지금 보면 마우스와 그래픽으로 된 운영체제가 더 편리하다는 것은 자명하다. 그러나 당시에는 명령어 입력 방식이 통용되고 있었다. 초기 퍼스널 컴퓨터는 기업용 컴퓨터의 운영시스템을 그대로 받아들였고, PC에서 사용하는 프로그램들도 문자 기반으로 그래픽의 필요성을 못 느꼈다.

　당시 사람들에게 운영체제의 불편함은 문제가 되지 않았다. 컴퓨터가 처음 나와서 복잡한 계산 등 일을 쉽고 편하게 할 수 있게 된 것에 열광하고 있었으니까. 사람들은 컴퓨터를 이용해 업무를 개선하는 데에만 관심이 있었다. 개발자들도 사람들의 업무 효율성과 생산성을 향상시킬 수 있는 새로운 프로그램 개발에 주력했다. 하지만 잡스는 달랐다. 고맙고 대단한 전자 기기인 컴퓨터가 사용하기 불편하다고 짜증을 내고 있었으니 말이다. 이것은 잡스의 현실에 대한 분노와 반항이 또 한 번 빛을 발할 시점이라는 신호였다.

그리고 보면 혁신가란 동시대인의 시대정신으로부터 자유로운 사람인 듯하다. 대부분의 사람들이 컴퓨터를 기업의 업무에 활용하며 생산성을 높이는 도구로 바라보던 때, 잡스는 소비자 가전제품으로 접근했다. 그래서 잡스는 펩시콜라의 사장이었던 존 스컬리를 새로운 CEO로 영입한 것이다. 스컬리도 이에 동의한다.

"스티브는 컴퓨터가 결국 소비자 가전이 될 거라고 믿었기 때문에 나를 애플에 영입한 겁니다. 1980년대 초에 그런 생각을 가졌다는 건 정말 대단한 거지요."

잡스는 그래픽 인터페이스와 마우스를 활용할 수 있다면 어떨지에 대해서 생각하자, 제품에 대한 구체적인 개념이 잡히기 시작했다. 이때부터 잡스의 마이크로매니지먼트가 심해졌다. 더불어 통제욕도 점점 강해졌다. 잡스는 그래픽 운영체제에서 자기가 원하는 기능을 기술적인 한계와 관계없이 주문했다. 프로그램의 아이콘 모양과 색깔, 창 등 세세한 부분까지 참견하고 의견을 내놓았다.

특히 활자체에 매우 집착했다. 그래픽 인터페이스는 문자 입력 방식에 비해 원하는 글자체를 어떤 것이든지 만들 수 있었다. 마침 잡스는 활자체에 대한 지식을 이미 지니고 있었다. 중퇴한 대학에서 청강한 과목 중 하나가 활자체에 관한 것이었다. 동료들은 "폰트서체보다 더 중요한 일이 많지 않아?"라고 말했지만, 잡스는 예쁘고 독특한 폰트를 개발하는 데 많은 시간을 보냈다. 훗날 매킨토시는 이 같은 다채로운 폰트 개발로 인해 출판 산업에서 널리 활용되는 컴퓨터가 되었고, 애플의 이익 창출에도 기여했다.

활자체에 대한 집착도 잡스의 개성이 반영된 것이었다. 초기 PC 산업에서는 서체가 그리 중요하지 않았다. 더 많은 프로그램을 탑재한다든가 사람들이 많이 쓰는 기능을 개선하는 것이 훨씬 시급했기 때문이었다. 폰트 개발보다 선결해야 할 중요한 일들이 산재해 있었지만 잡스는 계속 폰트에 집착했고, 그 이유는 간단했다. 단지 폰트에 대한 지식이 많았기 때문이다. 훗날 이때 개발된 서체는 윈도우에 차용되어 컴퓨터 산업에 큰 영향을 주는데, 이처럼 애플의 혁신은 순전히 잡스 개인의 취향과 경험에서 나온 게 많다.

잡스는 제품만이 아니라 포장 용기 디자인에도 공을 들였다. 뜯자마자 버려질 것이지만 고객은 포장에서 제품의 첫인상을 결정한다고 생각했기 때문이었다. 커다란 글자가 새겨진 누런 박스에 제품을 담는 것이 일반적이던 시기에, 매킨토시의 포장 용기를 컬러풀한 디자인으로 차별화했다.

그렇게 결정되기까지 잡스는 박스 디자인을 무려 50번이나 돌려 보내며 직원들을 달달 볶았다. 잡스가 이토록 디테일한 부분까지 신경을 쓴 것은 강한 통제욕 때문이기도 하지만 더 큰 이유는 소비자에게 최고의 제품을 선사하기 위함이었다.

잡스는 소비자가 모든 것을 다 아는 건 아니라고 생각했다. "포드가 소비자에게 물어보았다면 더 빠른 마차를 만들라고 했을 거요"라며 자신의 생각을 소비자에게 강요했다.

소비자의 생각과 행동이 항상 옳은 것은 아니라고 보았던 잡스는 소비자가 컴퓨터 본체를 뜯고 이것저것 만지는 것을 싫어했다. 자기가 만든 제품이 최적의 상태라고 생각했기 때문에, 일반적인 드라이버로는 케이스를 열지 못하도록 특수한 도구를 개발하기까지 했다. 이것은 잡스가 컴퓨터를 기업의 생산도구로 보지 않고, 가전제품으로 규정했다는 또 하나의 증거다. 냉장고나 세탁기의 기능을 개선하기 위해 분해한 후 부품을 교체하는 소비자가 없는 것과 같은 맥락이다.

이 같은 잡스의 마이크로매니지먼트는 훗날 애플 경영방식에 독특한 특징 중 하나로 자리 잡는다. 애플은 극단적인 선택과 집중을 한다. 애플은 기업 규모에 비해 시장에 내놓는 제품 수가 현저히 적다. 시스템적으로 모든 제품이 잡스의 손을 거쳐 출시되기 때문에 다양한 제품을 쏟아내는 게 불가능하기 때문이다. 하지만 이런 경영방식은 리스크가 매우 높다. 출시된 제품이 성공하면 다른 기업과는 비교 불가능할 정도로 이윤을 내지만, 그렇지 않을 경우 큰 손실을 볼 수 있기 때문이다. 이 내용은 뒤에서 자세히 다룰 예정이니 이 정도에서 마무리하는 게 좋겠다.

1984년 1월, 몇 년 동안 공들인 매킨토시가 드디어 출시되었다. 매킨토시는 매우 요란하게 등장했다. 출시 며칠 전 1억 명이 시청하는 슈퍼볼 경기 중계에 광고를 했기 때문이었다. 그리고 매킨토시 광고는 그야말로 대박을 터뜨렸다. 광고 내용은 다음과 같았다.

회색빛이 감도는 우울한 도시에 머리를 박박 민 죄수복 차림의 남자들이 줄지어 걸어간다. 그들은 강당에 모여 빅 브라더가 연설하는 거대한 스크린을 멍하니 바라보고 있다. 이때 금발의 여자가 강당으로 뛰어 들어와 커다란 망치를 휙휙 돌려 스크린으로 던진다. 거대한 스크린은 섬광을 일으키며 산산조각 나고, 그 순간 멘트가 흘러나온다.

"1월 24일은 애플 컴퓨터가 매킨토시를 소개하는 날입니다. 그때 당신은 왜 우리의 1984년이 조지 오웰의 《1984년》과 다른지 알게 될 겁니다."

이 광고는 불과 2년 전에 퍼스널 컴퓨터 분야에 들어와 시장을 잠

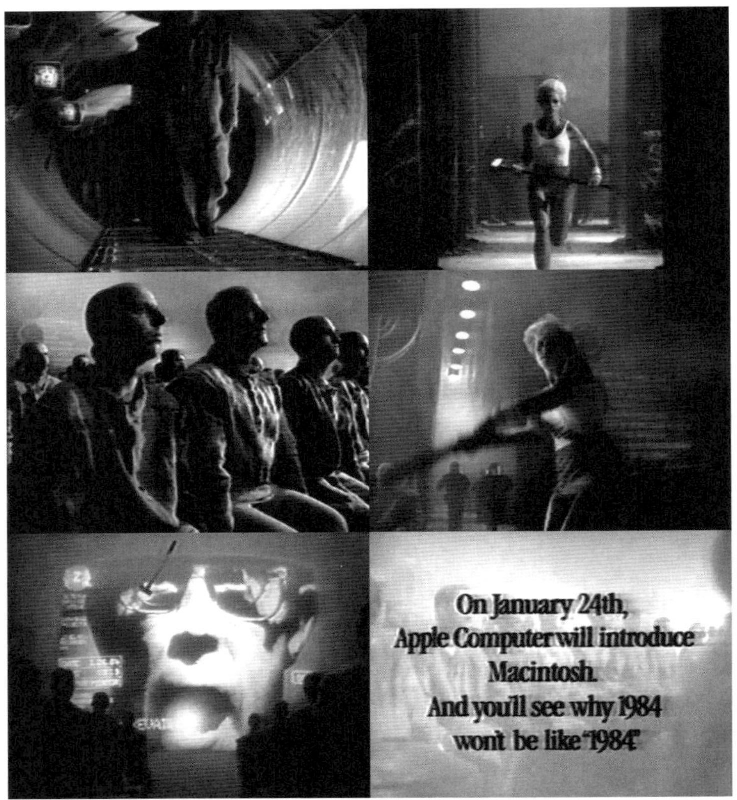
On January 24th,
Apple Computer will introduce
Macintosh.
And you'll see why 1984
won't be like "1984."

매킨토시 광고

식해버린 IBM에 대한 도전의 메시지를 담고 있었다. 컴퓨터 업계의 리더였던 IBM은 하드웨어와 소프트웨어의 표준화를 시도해 많은 회사들을 끌어들였다. 자연스럽게 여러 회사들이 IBM 제품과 호환되는 컴퓨터를 만들었고, 부품이나 소프트웨어를 만드는 관련 업체들도 그 흐름에 편승했다. 애플 II가 퍼스널 컴퓨터 시장을 개척하고 선도했지만 주도권은 순식간에 IBM으로 넘어갔다.

매킨토시 광고는 IBM의 독주를 막아야 한다는 메시지를 조지 오웰의 소설 《1984년》의 빅 브라더에 비유했던 것이다. 즉, 거대기업인 IBM은 빅 브라더처럼 퍼스널 컴퓨터 시장을 지배하면서 소비자 개개인의 자유도 통제하게 될지 모른다. 매킨토시야말로 독재자에 맞서 개인의 선택적 자유를 수호하는 반항아이자, 영웅이라고 이 광고는 말하고 있었다.

자신이 개척한 퍼스널 컴퓨터 시장에 뛰어 들어와 순식간에 선두 기업이 된 IBM에 대한 분노를 갖게 된 잡스는 이런 반항아 전략을 오랜 기간 유지한다. 애플이 세계 최고의 부자 기업이자 거대기업이 된 이후에도 반항아적인 자세를 고수했다. 마이크로소프트의 시가총액을 넘어선 이후에도 윈도우의 독재 운운했으니 말이다. 이것을 보고 있으면 마치 더 큰 권력이 작은 권력에 대항한다고 주장하는 것 같아 웃음이 절로 나온다. 어쩌면 애플이 세계에서 가장 비싼 기업이 된 것이 반항을 즐겨왔던 잡스에게는 불운이 아니었을까, 하는 생각이 들기도 한다.

어쨌든 색다른 광고에 사람들은 마음을 빼앗겼다. 연일 수많은 뉴스에서는 파격적인 매킨토시 광고를 보도하고 있었다. 기존 제품에 비해 비교적 비싼 가격인 2,499달러에 제품이 출시되었지만 판매는 폭발적이었다. 그러나 매킨토시의 열풍은 곧 잦아들기 시작했다. 몇 달이 지나자 판매량이 급속히 줄어들었다.

매킨토시는 빛 좋은 개살구처럼 빼어난 디자인을 자랑했지만 사용자들이 쓸 수 있는 소프트웨어가 많지 않았다. 당시 소비자들은 모양보다는 기능을 중시해 컴퓨터로 다양한 작업을 하기를 희망했다. 그런 점에서 매킨토시보다 여러 업체의 제품과 호환되는 IBM의 PC가 더 적합했다.

또 다른 문제는 속도가 심각할 정도로 느렸다는 점이다. 이건 그래픽 운영체제를 장착했기 때문에 필연적으로 발생한 문제였다. 문자를 화면에 표시하는 데에는 1바이트 미만의 코드면 충분했지만, 그래픽 기반 운영체제에서는 달랐다. 예쁜 폰트를 픽셀을 통해 표시하기 때문에 수십 배의 메모리가 필요했다. 하지만 컴퓨터의 가격을 낮추기 위해 용량이 적은 램을 사용했으므로 처리하는 데 시간이 걸렸다. 즉 당시 하드웨어 수준에 비해 그래픽 기반 운영체제가 너무 앞서 있었던 셈이다. 그래픽 인터페이스가 잘 운영되게 하려면 개인 소비자들이 구매하기에는 턱없이 비싼 컴퓨터가 탄생되어야 했다.

잡스는 화가 났다. 자신이 개발한 컴퓨터로 인정은 받았는데, 막상 판매가 되지 않았으니 말이다. 잡스는 그 책임을 다른 사람에게 돌렸다. 자신이 주장한 가격에서 500달러나 올려 출시한 존 스컬리를 질타했다.

그러나 CEO 입장에서 손해를 보고 제품을 판매할 수는 없는 노릇이었다. 여전히 애플 II 사업에서는 이익이 났지만 매킨토시는 골칫거리가 되어가고 있었다. 그럴수록 잡스는 타 부서 사람들과 부딪혔다. 책임을 물으며 잡스는 스컬리를 내보내려고 했지만 애플 이사회에서는 오히려 스컬리를 선택했다.

1985년 5월 말, 잡스는 권한 없는 이사회 회장 직함을 빼고 모든 직책이 박탈되었다. 그렇게 된 이상 잡스도 더 이상 애플에서 버틸 수가 없었다. 9월이 되자 한 주를 제외한 모든 주식을 팔고, 애플 컴퓨터에서 완전히 손을 뗐다.

버림받음을 그토록 싫어했던 잡스는 또 한 번 내쳐졌다. 돌이켜보면 존재감을 과시하기 위해 몸부림치던 게 독이 되어 애플에서 쫓겨나게 된 것이다. 그는 다시 복수심에 불타올랐다. 애플 사람들이 땅을 치며 후회하게끔 만들고 싶었다. 그래서 곧바로 새로운 사업을 시작했지만, 복수심으로 그의 눈은 이미 멀어 있었다.

복수심으로 세운 회사, 넥스트

이사회가 모든 권한을 몰수했을 때, 잡스는 크게 상처받았다. 하지만 그는 사무실에 출근했다. 그의 기질로 보아 상황을 인정하지 못하고 분노에 차 안절부절못하는 모습이 눈앞에 그려진다. 할 일을 다 빼앗겼다는 모욕감에도 불구하고 사무실에 나간 이유는, 애플에 한 방 먹일 방법을 찾기 위함이었을 것이다. 그는 서너 달 동안 급하게 새로운 사업을 구상했다.

그러다 문득 아이디어가 떠올랐다. 당시 자연과학 분야의 학자들이 대학의 컴퓨터 시설이 미흡해 제대로 된 연구를 할 수 없다고 불평하는 경우가 많았다. 공교롭게 애플은 교육 시장점유율은 높았지만, 고성능 컴퓨터를 개발해 대학에 납품하려던 계획은 중단된 상태였다. 잡스의 머릿속에 '그래 이거야!'라는 생각이 스쳤다. 명분상으로도 애플이 포기한 사업이니 자신이 시도한다고 해도 문제가 없어 보였다. 하지만 잡스는 애플이 당장 여력이 없어서 뒤로 미루고 있는 사업에 먼저 들어가겠다는 셈이었다. 잡스의 새로운 사업에 참여한 직원의 증언이다.

"스티브는 애플에 단단히 화가 나 있었어요. 애플이 확고하게 선점하고 있던 교육 시장을 목표로 삼은 건 그가 옹졸하게도 앙심을 품었기 때문이에요. 복수를 원했던 거죠."

잡스는 애플을 떠난 후 곧바로 행동에 들어갔다. 회사의 이름을 넥스트NeXT라고 지었고, 대학이나 연구소에서 교수, 과학자들이 연구에 활용할 수 있는 고성능 컴퓨터를 만드는 게 목적이었다. 애플 주식을 팔아 1억 달러가 넘는 돈이 들어와 주머니 사정이 넉넉했던 잡스는 회사 설립에 아낌없이 투자했다.

브랜드에 민감했던 잡스는 최고의 디자이너를 고용해 회사 로고를 개발했다. 그리고 컴퓨터 설계를 시작도 하지 않아 직원도 별로 없었는데 사옥을 신축했다. 그것도 세계적인 건축가에게 의뢰해 본사 빌딩을 세웠다. 또 제품 생산이 언제 시작될지 모르는 상황에서 공장부터 지었다. 연 15만 대의 생산규모, 최첨단 자동화시스템을 갖춘 현대식 공장으로 심지어 기계와 생산설비에도 멋스러운 색을 입혔다. 돈 한 푼 벌지 못했는데 사옥과 공장까지 세우다니, 마치 그동안 애플에서 쌓아두었던 한을 풀기라도 하는 것 같았다.

설립 이후 3년 넘게 넥스트는 한 대의 컴퓨터도 못 팔면서 수천만 달러를 쏟아부었다. 그러자 화수분 같았던 잡스의 잔고에도 빨간불이 들어왔다. 사업을 계속 해나가자면 돈이 더 필요했다. 다행히 잡스의 명성을 익히 알고 있던 투자가가 여럿 몰려들었다. 텍사스의 부호 로스 페로가 2,000만 달러를 투자했으며, 일본의 프린터 제조사인 캐논은 1억 달러를 투자했다. 이때마다 언론은 제품 하나 나오지 않았지만 계속 투자를 받고 있는 넥스트를 주목했다.

그럴수록 잡스는 더 놀라운 제품을 내놓아야 한다는 부담감에 시달렸다. 소비자들에게 호응을 얻기 위해 더 고성능에 집착했다. 그러려면 플로피디스크 대신 대용량 광디스크 같은 최신 기술을 적용해야 했고, 값비싼 부품으로 원가는 계속 올라갔다. 또 예술품처럼 미적인 부분에서도 완벽한 제품을 만들고자 하는 잡스의 욕심은 줄어들지 않았다. 가령 소비자가 볼 수 없는 케이스 내부까지 표면처럼 글로시한 느낌의 블랙으로 도색했다. 자연히 비싸질 수밖에 없었다.

1989년 한정 판매된 시제품은 쓸 만한 옵션 한두 개만 장착해도 9,000달러가 넘었다. 그러다 보니 이듬해 소매점에 유통된 제품 가격은 무려 1만 달러나 됐다. 넥스트의 컴퓨터는 기존에 출시된 제품 중 단연 최고였으며, 가격도 최고였다. 하지만 잡스가 주요 고객으로 잡은 대학에서는 고가의 컴퓨터를 구매할 의향이 전혀 없었다.

넥스트에서 출시한 컴퓨터

탁월한 디자인의 넥스트 컴퓨터는 누구나 탐을 냈지만, 그 때문에 수천 달러나 더 지불할 고객은 매우 적었다. 그 결과 한 달에 1만 대 이상 생산할 수 있는 설비를 갖춘 공장에서 고작 400대를 생산하는 데 그쳤다.

잡스는 애플보다 더 나은 컴퓨터를 만들어야 한다는 강박 때문에 시장을 제대로 보지 못했다. 모든 부분에서 매킨토시보다 나은 컴퓨터를 만들려고 한 것이 시장의 요구와 동떨어진 사치품을 낳게 된 것이다. 사업에 성공하려면 애플을 잊어버렸어야 했지만 복수심에 그러지 못했다.

애플을 지나치게 인식한 것 말고도 넥스트 컴퓨터가 실패한 이유가 더 있다. 기업 고객을 타깃으로 삼았지만 잡스가 계속 컴퓨터를 소비자 가전으로 보고 있었다는 점이다. 아니, 소비재로 보는 것을 좋아했다. 그의 제품은 실용적이지 않았고, 아트 콜렉터들이 좋아할 만한 예술품 같았다. 하지만 대학 같은 기업 고객은 우아한 디자인보다는 투박해도 실용적이고 저렴한 컴퓨터를 선택한다. 잡스는 이 사실을 간과했던 것이다.

결국 넥스트는 7년 동안 적자 기업으로 추락했고, 잡스는 컴퓨터 사업에서 손을 뗐다. 그리고 넥스트 컴퓨터를 위해 만들었던 운영체제를 판매하는 소프트웨어 회사로 업종을 변경했다. 그러자 1994

년 처음으로 적자의 늪에서 빠져나올 수 있었다. 하지만 잡스는 기업에 소프트웨어를 납품하는 데에는 열정을 느끼지 못하는 사람이었다. 훗날 이때의 심정을 밝힌 바 있다.

"개인 소비자들에게 제품을 팔 수 없다는 사실에 몹시 낙심했어요. 저는 기업용 제품을 팔거나 다른 사람들의 시시한 하드웨어에서 구동될 소프트웨어 라이선스를 판매하기 위해 이 땅에 온 게 아니에요. 그런 일은 결코 좋아할 수가 없었지요."

잡스는 소비자가 직접적으로 반응해주는 일을 좋아했다. 자신이 만든 제품에 소비자들이 열광했을 때의 희열을 이미 맛보았기 때문일 수도 있었다. 스타덤에 오른 스타들이 하루아침에 추락했을 때 더 큰 비애를 느끼는 것처럼, 그리고 끊임없이 재기를 노리는 것처럼 잡스도 그랬던 것 같다.

어떤 이의 평가처럼, 잡스는 넥스트에 최고의 재능과 최악의 직감을 쏟아부었다. 뛰어난 통찰력을 가졌지만, 복수심이 그의 시야를 가렸다. 넥스트 이야기는 지루한 실패담이다. 잡스 자신도 이때의 경험은 거의 밝히지 않아서 특별한 에피소드도 알려진 게 별로 없다. 그래서 분량을 매우 짧게 쓸 수밖에 없다. 하지만 이 시절은 잡스의 인생에서 매우 긴 시간이었다. 무려 11년을 넥스트에서 보냈으니, 애플을 설립하고 쫓겨나기 전까지의 기간보다 훨씬 길다. 실패만 하던 잡스는 이때 어떤 마음이었을까.

30대를 고스란히 보낼 정도로 긴 시간이었으니 그는 배우지 않을 수 없었던 것 같다. 매킨토시를 만들던 20대에는 실패를 통해 분노라는 또 다른 열정을 불태울 수 있었지만, 30대의 실패는 그에게 큰 깨달음을 주지 않았을까. 이 시기를 보낸 후 잡스는 최고급 제품만으로는 컴퓨터 사업에서 1등이 될 수 없다는 사실과 더불어 다른 회사와 연합전선을 구축하는 것도 중요하다고 느낀 것 같다.

오만함을 타고난 잡스는 이때 비로소 겸손해질 수도 있었다. 그러나 다행히 잡스의 자존심을 회복시켜줄, 그래서 평생 오만함을 유지할 수 있었던 구원의 손길이 생각지도 않은 곳에서 다가오고 있었다.

잡스의 무관심이 픽사의 성공 비결?

애플에서 나왔을 때 주머니가 두둑했던 잡스는 흥미로운 제안을 받았다. 이혼 위자료로 돈이 필요했던 영화감독 조지 루카스가 컴퓨터 그래픽 부서를 팔려고 한 것이다. 잡스는 루카스 필름에 가서 팀원들을 만나보았다. 그들은 선명한 디지털 사진과 환상적인 동영상을 컴퓨터로 만들고 있었다. 더욱이 컴퓨터 전문가들이기도 해 필요한 하드웨어를 자체적으로 제작하고, 소프트웨어도 개발할 정도의 실력자였다. 잡스는 이들을 보자마자 마음에 들었다. 그래서 구체적인 사업계획도 없이 이 팀을 인수하기로 결심했다.

루카스에게 컴퓨터 그래픽 회사를 인수하는 과정에서 500만 달러를 지불하고, 회사에 500만 달러를 투자해 1986년 1월, 픽사가 출범했다. 이 팀은 '픽사 이미지 컴퓨터'를 활용해 그래픽 작업을 했는데, 여기서 회사 이름을 따왔다. 당시 넥스트를 설립해 교육 시장에 진출하려던 잡스는, 픽사의 고사양 컴퓨터도 특수 업무를 하는 기업에 팔 수 있을 거라고 생각했다. 의료기기를 다루는 병원이나 위성사진을 활용하는 정부기관에서 유용하게 활용될 수 있기 때문이었다. 그러나 12만 달러가 넘는 컴퓨터를 살 곳은 많지 않았다. 그래서 4분의 1 가격대인 3만 달러짜리 제품을 만들라고 직원들을 들볶았지만, 그것을 실현하기란 쉽지 않았다.

잡스는 당시 넥스트에 정신이 팔려 있어서 픽사 사무실에는 한 달에 한 번씩 들러 현황 보고만 받을 뿐이었다. 그러다 보니 픽사 직원들은 그 순간만 모면하면 다시 마음대로 자기 일을 할 수 있었다. 결국 픽사의 컴퓨터 사업은 큰 손실만 내는 골칫거리로 전락했다.

잠스는 골칫거리가 될 픽사를 왜 인수했을까. 애초에 잡스는 루카스 필름의 컴퓨터 그래픽 부서를 어떤 회사로 만들겠다는 비전이 거의 없었던 것 같다. 그래서 인수가 절실하지도 않았다. 돈이 급했던 루카스는 디즈니를 찾아가기도 했고, 억만장자인 로스 페로에게도 제안을 했다. 그 결과 페로와는 계약이 거의 성사되는 단계까지 진행되었다. 하지만 잡스는 느긋했다. 만약 이때 성질 급한 잡스가 이 팀을 반드시 손에 넣겠다는 생각을 했다면, 가격을 깎기 위해 느긋하게 기다리지는 않았을 것이다. 비싸게는 싫고 굳이 인수할 곳이 없으면 사겠다는 의도였다.

잡스가 픽사를 인수한 진짜 이유는 아마 그의 허영심이 발동해서가 아닌가 싶다. 사업적인 실패에도 불구하고 잡스는 매킨토시를 자랑스러워했다. 그 이유는 컴퓨터 업계의 역사에 한 획을 그었다고 생각했기 때문이었다. 픽사 역시 최초의 컴퓨터 그래픽 회사로 매우 독특하고 유일한 컴퓨터 기업이었으니, 갓 서른이 된 잡스의 허영심을 충족시켜주기에 좋은 대상이었다.

그러나 대가가 매우 컸다. 픽사의 손실이 계속 커지자 잡스는 1990년 하드웨어 사업을 정리했다. 당시 픽사는 세 부문으로 이루어져 있었다. '픽사 이미지 컴퓨터'를 판매하는 하드웨어 사업, 컴퓨터 애니메이션 제작용 프로그램을 판매하는 소프트웨어 사업, 그리고 애니메이션 사업.

사실 잡스는 어려서부터 만화광이었던 존 래스터가 이끄는 애니메이션 사업부는 마케팅 차원에서 유지했다. 픽사의 하드웨어와 소프트웨어를 자랑하기 위한 목적이었다. 당시 래스터와 팀원들은 다른 제품을 팔기 위한 도구로 애니메이션을 만들었다. 하지만 그들의 최종적인 목표는 영화를 만드는 것이었고, 계속 기회를 엿보고 있었다.

잡스는 넥스트에서와 비슷하게 소프트웨어 사업으로 방향을 틀었다. 애니메이션 제작 영화사에 제품을 파는 것 말고, 일반인들을 위한 그래픽 프로그램을 개발하기로 한 것이다. 그러나 픽사의 소프트웨어는 일반인이 사용하기에는 너무 고사양이었다. 다양한 작업을 할 수 있는 반면 툴이 복잡하고, 가격도 비쌌다. 정교함은 떨어지지만 사용하기 쉽고, 저렴한 어도비 소프트웨어와 경쟁이 되지 않았다. 결국 이 사업도 실패하고 말았다.

그때까지 5,000만 달러를 쏟아부었지만 잡스는 픽사를 포기해야만 했다. 그 후 마이크로소프트를 비롯해 여러 업체에 인수를 제안했지만 사치스러운 소프트웨어 사업에 관심을 보이는 기업은 단 한 곳도 없었다.

때마침 애니메이션 사업에서 가능성이 보였다. 래스터가 만든 애니메이션이 1988년 아카데미 영화제에서 단편영화상을 수상한 이후 디즈니에서 관심을 보인 것이다. 픽사의 컴퓨터 그래픽만으로 장편영화를 제작하기로 디즈니와 계약을 했지만 잡스는 큰 기대를 하지는 않았다. 사실 그의 주된 관심은 줄곧 넥스트였기 때문에 애니메이션 사업까지 신경 쓸 여력이 없었다. 그런 와중에 디즈니의 투자로 제작되는 〈토이 스토리〉가 점점 언론의 주목을 받았다. 잡스는 그제야 애니메이션 사업에 관심을 갖게 되었다. 공교롭게도 넥스트에서 하드웨어 부문을 매각하고, 고성능 컴퓨터 개발에 대한 열정이 식은 때였다. 잡스는 본격적으로 픽사에 매달렸다.

1995년 〈토이 스토리〉가 개봉된 이후는 우리가 다 아는 이야기다. 이 영화는 대히트를 기록했고, 영화 개봉 일주일 후 픽사는 기업 공개를 했다. 잡스의 주식 가치는 12억 달러가 되었고, 이후 내놓는 영화마다 대히트를 기록한 픽사는 2006년 디즈니에 74억 달러에 팔리게 된다. 이 거래로 당시 픽사 주식의 절반을 가지고 있었던 잡스는 디즈니의 대주주가 되었고 이사회에도 들어갔다. 그뿐만 아니라 잡스는 픽사의 성공에서 영화, 음악 등 오락산업의 가치에 대해서 배우게 된다. 훗날 애플이 내놓는 제품에는 잡스의 이런 경험이 고스란히 담기게 된다.

잡스가 온 힘을 집중했던 넥스트는 실패했고, 거들떠보지도 않던 픽사는 성공했다. 픽사에서도 의지를 가지고 추진한 사업은 실패했고, 손 놓고 있던 사업은 성공했으니 참 얄궂은 일이라고밖에 설명할 수 없다.

이 대목에서 나는 자꾸만 짓궂은 상상을 해보게 된다. 만약 잡스가 애니메이션 사업에 희망을 가지고 관심을 가졌더라면 어땠을까. 아마 픽사는 오래전에 사라지지 않았을까. 잡스처럼 통제욕 강한 마이크로매니저가 창작의 세세한 부분을 관리했다면 자유로운 영혼을 가진 예술가들이 대부분 떠나지 않았을까.

그럼에도 잡스는 애니메이션에 더 일찍 집중하지 못한 것을 아쉬워했다. 물론 픽사의 하드웨어와 소프트웨어가 수익을 내지 못했을 거라는 사실을 미리 알았다면 픽사를 인수하지 않았을 거라고도 말했다.

"컴퓨터 사업 때문에 관심을 갖게 됐어요. 삶이 저를 교묘하게 속여 픽사를 사게 만들었지요. 그런데 그게 더 좋은 결과를 안겨주었으니……."

픽사 이야기를 보고 있노라면 성공이란 어떤 것인지 다시 한 번 곱씹어보게 된다. 사정을 자세히 모르는 사람들은 픽사의 성공이 잡스의 통찰력 덕분이라고 말한다. 또 성과가 나올 때까지 인내심을 가지고 픽사에 투자해 영화산업을 획기적으로 변화시켰다고도 말한다.

그러나 픽사의 성공은 철저히 잡스의 무관심 덕택이다. 동시에 애니메이션의 가능성을 몰라본 무지 때문이다. 왜냐하면 온갖 열정과 에너지를 쏟은 넥스트는 실패했고, 아무 노력도 기울이지 않은 픽사는 성공했기 때문이다. 결국 픽사의 성공은 운이라고 말할 수밖에 없다.

게다가 운에 의한 픽사의 성공은 향후 애플 제품에 많은 영향을 주었다. 우선 영화, 음악 등 콘텐츠가 중심이 되는 제품이 나오게 되었다. 컴퓨터를 설계하든 디지털 기기를 만들든, 기기 자체가 아니라 사용자가 콘텐츠를 쉽게 활용할 수 있는 제품을 만들려고 노력하게 된 것이다.

애플 제품들은 애니메이션의 감각적인 디자인과 색감에 영향을 받아 더욱 예술적으로 변모하게 되었다. 그동안 차별화의 핵심을 기능에서 주로 찾았던 잡스의 생각을 완전히 바꿔버린 것은 픽사였다. 결국 현재 애플의 경쟁력인 독창성과 사용자 중심의 운영체제 개발 등 성공의 핵심적인 토대가 행운에서 비롯되었다는 사실은 애플을 이해하는 데 매우 중요하다.

디자인에 눈뜬 사람들, 아이맥에 열광하다

잡스가 생각지도 않은 성공을 경험할 무렵, 애플 컴퓨터는 몰락하고 있었다. 잡스가 퇴출된 이후 애플은 기업 고객에게 집중했으나 출판 분야를 제외하고 시장점유율이 점점 줄어들었다. 더구나 마이크로소프트에서 그래픽 인터페이스를 장착한 윈도우를 출시하면서, 이를 탑재한 IBM 호환 PC가 시장을 지배하게 되었다. 특히 1995년 출시된 윈도우 95는 매킨토시의 그래픽 인터페이스에 버금가는 성능으로 초대형 히트작이 되었다. 시대의 조류에 따라 퍼스널 컴퓨터 시장에서 윈도우와 인텔 칩을 장착한 PC가 대세가 되었고, 맥은 비주류가 되었다. 결국 이듬해 애플의 시장점유율은 5퍼센트에도 못 미치는 보잘것없는 수준으로 떨어졌고, 10억 달러에 달하는 적자를 보았다. 주가는 폭락했다.

당시 애플에서는 윈도우 95에 대응할 운영체제를 개발하고 있었다. 하지만 실패였다. 그렇다고 애플의 침몰을 두 손 놓고 바라볼 수만은 없었다. 1996년 구원투수로 CEO가 된 엔지니어 출신의 길 아멜리오는 외부에서 운영체제를 도입하기로 결정했다. 마침 잡스는 넥스트에서 적자에 허덕이던 하드웨어 사업을 접고 소프트웨어 라이선스 사업을 하고 있었다. 비록 잡스는 그 일에서 열정을 느끼지는 못했지만 넥스트의 운영체제는 그래픽이나 성능이 매우 뛰어났다. 아멜리오는 잡스에게 파트너십을 제안했고, 잡스는 아예 넥스트를 인수해 뛰어난 인재들을 영입하라고 설득했다. 아멜리오 입장에서도 넥스트의 인수는 창업자인 잡스를 끌어들임으로써 주주들의 원성을 잠재울 수 있는 카드였다. 이렇게 1996년 말 애플은 넥스트를 인수했다. 넥스트 주주에게 4억 3,000만 달러가 지급되었고, 잡스는 애플 주식 150만 주를 받았다.

처음에 잡스는 파트타임 형식의 고문으로 일했다. 하지만 넥스트에서 데리고 온 심복들을 주요 보직에 임명했다. 이들이 활약하자, 이사회는 회사 내에서 잡스가 더 적극적인 역할을 해주길 요구했다. 결국 1997년 7월, 이사회는 아멜리오를 내보내고, 잡스를 임시 CEO로 임명했다. 애플을 떠난 지 12년 만이었다.

잡스는 경영권을 손에 넣자마자 그가 아니면 할 수 없는 일들을 해치운다. 자신을 임명한 이사회를 자기 사람으로 갈아치운 것이다. 순식간에 애플은 잡스의 왕국이 되었다.

애플을 마음대로 경영할 수 있게 된 잡스가 가장 먼저 한 일은 황당하게도 오랜 숙적인 마이크로소프트와 손을 잡은 것이다.

애플과 마이크로소프트는 10년 동안 특허 소송을 치르고 있었다. 마이크로소프트가 애플의 그래픽 인터페이스 디자인을 도용했는지 여부를 두고 제기된 문제였다. 그러나 애플은 마이크로소프트가 절실히 필요했다. 매킨토시를 위한 오피스 프로그램이 지속적으로 개발되어야 했기 때문이었다. 하지만 맥 사용자가 줄어들어서 마이크로소프트 입장에서는 그다지 매력적인 일이 아니었다. 잡스가 먼저 빌 게이츠에게 전화했다. "우리가 계속 전쟁을 하면 양쪽에 다 좋지 않습니다. 문제를 즉시 해결합시다. 나는 두 가지가 필요합니다. 우선 마이크로소프트가 매킨토시용 소프트웨어를 만든다고 약속하고, 이해관계가 얽히도록 애플에 투자하시오." 게이츠 역시 골치 아픈 문제를 일거에 해결할 수 있어 제안을 받아들였다. 곧바로 애플에 1억 5,000만 달러를 투자했다. 마이크로소프트를 싫어하는 성향의 맥 마니아들은 이 소식에 적잖이 실망했지만 애플의 회생을 위해서는 어쩔 수가 없었다.

두 번째, 잡스는 애플의 기존 이미지에서 탈피하기 위해 과거 매킨토시를 만들 때 일했던 광고회사와 함께 새로운 광고를 만들었다. 이때 만든 광고 카피가 '다른 것을 생각하라Think Different'이다. 문구가 무척 마음에 들어 눈물이 날 뻔했다고 하는 이 광고는 잡스가 추구하는 지향점을 그만큼 잘 보여주고 있다. '다른 것을 생각하라'는 '다르게 생각하라Think Differently'와 다르다. 다르게 생각하라는 것은 같은 것을 만들되 조금씩 다르게 하라로 개선의 의미이다. 반면 다른 것을 생각하라는 지금까지 없던 새로운 것을 창조하라의 혁명이나 파괴적인 혁신을 의미한다. 결국 '다른 것을 생각하라'는 잡스가 오랫동안 타도의 대상으로 삼았던 IBM의 모토인 '생각하라 Think'에 대한 답을 제시하는 문구이기도 하다. 그 이후 애플은 다른 것을 생각하라는 슬로건에 걸맞은 행보를 보여왔다.

세 번째, 잡스는 애플 컴퓨터가 만드는 제품의 수를 대폭 줄였다. 애플에서 생산되고 있는 제품들을 모두 검토한 뒤 경제성이 없거나 매력이 떨어지는 것은 모두 단종시켰다. 이 중 대표적인 것이 필기체 인식 기능을 갖춘 PDA 뉴턴이었다. 뉴턴은 잡스를 내쫓은 스컬리가 아끼던 프로젝트로 애플의 상징적인 제품이었다. 개인적인 원한이었는지, 정말로 시장성이 적다고 판단했는지 CEO가 되자마자 뉴턴 생산라인을 없애버렸다. 이렇게 잡스는 70퍼센트의 제품을 과감하게 구조조정했다.

이 일화를 통해 잡스의 기질을 다시 한 번 생각해볼 수 있다. 기업이 어려워지면 인력을 구조조정하기는 쉬워도 판매되고 있는 제품의 종수를 줄이기는 쉽지 않다. 그나마 구기종들이 매출을 어느 정도 유지시켜주기 때문이다. 또 매출을 늘리기 위해서는 히트 상품을 만들어야 하는데 위기에 빠진 기업에서 그렇게 하기란 쉽지 않다. 오히려 어려움에 직면한 기업에서 매출 증대를 위해 손쉽게 할 수 있는 일이 제품 숫자를 늘리는 일이다. 아멜리오 역시 기존 제품을 조금씩 변형해서 수많은 제품을 출시했다.

하지만 이 방법으로는 일정 수준 매출이 늘어도 기업을 회생시킬 만큼의 큰돈을 벌 수 없다. 잡스는 애플에 복귀하자마자 이 문제를 인식하고 3분의 2가 넘는 제품을 사장시킨 것이다. 하지만 매출을 유지하기 위해서는 하루 빨리 히트 상품을 만들어내야 했다. 잡스는 한 모델을 크게 히트시킬 자신이 있었던 것이다. 애플에서 쫓겨난 후 12년 동안 변변한 제품 하나 성공시키지 못했던 잡스가 이런 결정을 한 것은, 태생적으로 오만함을 가지고 있었기에 가능한 게 아닌가 생각된다.

잡스는 주력 상품을 출시하기 위해 애를 썼다. 그 일환으로 애플에 복귀한 후 처음으로 만든 제품이 바로 아이맥이다. 뒤에 자세히 서술하겠지만 아이맥이야말로 애플 역사를 다시 쓰게 만든 제품이다. 지금의 애플은 따지고 보면 아이맥에서 시작되었다고 해도 과언이 아니다.

당시 인터넷이 확산되고 있었는데, 기존 컴퓨터로 인터넷을 사용하기가 매우 번거로웠다. 잡스는 인터넷을 쉽게 할 수 있는 컴퓨터를 출시하고자 했다. 그래서 키보드를 비롯한 모니터, 컴퓨터, 모뎀 일체를 하나로 결합한 제품을 만들어, 소비자가 전원을 연결하기만

하면 인터넷을 자유롭게 쓸 수 있도록 만들었다. 아이맥이란 이름도 인터넷 매킨토시의 줄임말이다.

물론 아이맥이 출시되기 전에도 전매특허라 할 수 있는 디자인에 잡스는 세심한 주의를 기울였다. 그러자 회사 경영의 중심이 다시 디자인으로 바뀌었다. 잡스가 떠난 후 애플은 다른 컴퓨터 업체와 마찬가지로 엔지니어 위주로 돌아갔다. 엔지니어들이 안에 들어갈 부품을 던져주면 디자이너가 그에 맞게 케이스를 설계하는 방식이었다.

잡스가 복귀하자 애플의 시스템은 과거로 회귀했다. 게다가 잡스의 디자인에 대한 남다른 욕구와 안목을 충족시켜줄 실력자가 애플에서 일하고 있었다. 바로 디자인 실장인 조너선 아이브로 잡스와 디자인 철학이 통했다. 아이맥은 잡스와 아이브가 처음으로 협력한 작품이었다.

아이브는 내부가 훤히 들여다보이는 반투명 케이스의 컴퓨터를 디자인했고, 잡스도 좋아했다. 다른 컴퓨터에서는 필수 부품인 플로피디스크 드라이브도 과감하게 없애버리고 외형을 말끔하게 만들었다. 모니터를 포함한 모든 부품을 컴퓨터 내부에 집어넣고, 상단에 손잡이를 만들었다. 무거운 데스크톱을 옮길 일은 많지 않지만, 이것은 상징적인 의미였다. 항상 지닐 수 있다는 친근함을 소비자에게 각인시키기 위함이었다. 아이브가 디자인 콘셉트를 설명하자, 생산 책임자는 불필요한 기능에 비용만 더 들어간다고 반대했다. 하지만 잡스는 아이브가 추구하는 친근함과 재미 요소를 이해하고 즉각 승인했다. 이밖에도 디자인은 회의를 할 때마다 기술이나 비용 문제로 번번이 제조 엔지니어들의 반대에 직면했지만 그때마다 잡스는 아이브의 손을 들어주었다.

CD 드라이브의 디자인은 마지막까지 하드웨어 엔지니어와 부딪혔다. 처음 출시될 때는 모니터 아래 CD 트레이를 달아 버튼을 누르면 튀어나오는 식으로 설계했는데, 잡스는 이것을 고급 자동차에 장착된 CD 슬롯으로 교체하라고 지시했다. 거추장스럽게 트레이가 튀어나오는 것보다 CD만 넣었다 뺄 수 있는 깔끔한 홈이 디자인적으로 더 탁월했기 때문이었다. 하지만 하드웨어 담당자는 강력하게 반대를 했다. 그에게도 합리적인 이유가 있었다. 곧 읽고 쓰기가 모두 가능한 CD 드라이브가 출시될 예정이었는데, 이 기술을 적용하기 위해서는 트레이가 필수적이기 때문이었다. 슬롯 방식을 택하면 최신 기술에서 뒤처질 것이었지만 잡스의 디자인에 대한 고집으로 두 번째 모델부터는 슬롯이 장착되었다.

1998년 8월, 애플 제품으로는 비교적 저렴한 1,299달러에 출시된 아이맥은 연말까지 80만 대가 넘게 팔리며 애플에서 판매 속도가 가장 빠른 컴퓨터가 되었다. 적자였던 애플 컴퓨터도 흑자로 전환해 그해 3억 달러가 넘는 수익을 올리게 되었다. 잡스의 고집이 결국 고객들의 마음을 움직인 것이다.

잡스가 복귀하자마자 아이맥을 히트시킨 이유는 다음과 같다. 변한 것과 변하지 않은 것, 두 가지가 시너지를 일으킨 것이다.

잡스는 과거에 고집했던 방식과 다르게 아이맥을 개발했다. 가장 큰 차이점은 주요 하드웨어뿐만 아니라 주변장치 응용프로그램 등 대부분의 구성 요소들을 자체 제작하던 방식을 포기한 것이다. 소비자에게 더 나은 제품을 내놓기 위해 외부 업체에 의존하더라도 가치를 높이는 전략으로 선회했다. 잡스가 마이크로소프트와 제휴한 이유도 돈이 아니라 익스플로러나 오피스처럼 소비자들이 선호하는 소프트웨어를 맥에 집어넣기 위함이었다. 심지어 나중에는 모토로라, IBM과 함께 개발했던 칩을 버리고 성능이 더 좋은 인텔 칩을 채택함으로써, 오랜 기간 고수해오던 윈텔윈도우와 인텔 칩을 사용한 컴퓨터 반대 진영의 리더 자리를 포기했다. 이는 잡스가 10년 넘게 넥스트와 픽사에 몸담으면서 컴퓨터 업계의 거스를 수 없는 흐름을 자각했기 때문이다.

하지만 사람의 본질은 쉽게 변하지 않는다. 그는 여전히 하드웨어

못지않게 디자인에 집착했다. 아이맥을 개발하면서 보여준 태도는 처음 매킨토시를 만들 때와 크게 다르지 않았다. 그래픽 운영체제는 군더더기 없이 깔끔해야 했고, 여전히 소비자들이 컴퓨터를 분해하고 부품을 추가할 수 없게 만들었다. 박스 포장까지 디자인의 세세한 부분을 통제하고 관리했다. 잡스는 여전히 컴퓨터를 생산성 도구보다 소비자 가전으로 보고 있었다. 엄밀히 따지면 변한 것보다는 변하지 않은 게 더 많았다.

그러나 이번에는 시대가 바뀌어 잡스의 이런 집착이 통했다. 또 하드웨어 기술이 발달해 잡스가 추구하는 고사양의 아름다운 운영체제가 무리 없이 잘 돌아갔다. 무엇보다 매킨토시를 출시했을 때와 달라진 건 컴퓨터의 겉모양, 즉 디자인에 눈뜬 소비자들이 많아졌다는 사실이다. 컴퓨터 기술이 발전해 소비자들은 또 다른 가치에 눈뜨기 시작했다. 비록 일부였지만 예쁜 컴퓨터의 가치를 알아주는 사람들이 생겼다. 이들이 아이맥을 구입했다. 이제 컴퓨터 업계에서도 기술의 시대가 지고 아름다움의 시대, 미학의 시대가 싹트고 있었던 것이다.

어찌 보면 아이맥의 히트, 그리고 이후 애플이 내놓은 제품들의 연이은 성공은 잡스가 어릴 때부터 고집해온 방식이 통하는 시대를 만나서 나타난 결과다. 어떤 이는 잡스가 시대를 통찰하는 안목을 가졌다고 평한다. 하지만 나는 다르게 생각한다. 잡스가 시대를 앞서간 건 맞지만 미래를 예측하고 그 자리를 선점한 게 아니기 때문이다. 그의 기호가 시대 조류와 우연히 맞아떨어졌을 뿐이다. 수많은 우여곡절에도 불구하고 그는 자신의 고집을 지켜냈고, 그래서 자신을 알아보는 시대와 만날 수 있었다.

잡스는 애플에서 쫓겨난 이후 출시한 제품의 연이은 실패에도 불구하고 어떻게 자신의 주관을 고수할 수 있었을까. 아이맥을 개발할 때 약간의 망설임을 가질 수도 있었다. 그러나 픽사의 성공이 그에게 자신감을 주지 않았을까. 본인의 의지와 상관없는 운에 의한 성공이었지만, 찬사를 한 몸에 받았다. 남의 시선을 중요하게 여기는 잡스는 여기에서 자신감을 충전한 게 틀림없다. 결과적으로 그는 운 좋은 사람인 게 분명하다.

물론 변하지 않은 고집 때문에 치명적인 실수도 있었다. 예쁘고 미학적으로 완결된 제품을 만들겠다는 욕심에 CD 슬롯을 채택해 기술적인 면에서 컴퓨터 업계에서 뒤처지게 되었다. 하지만 이 실수 역시 기회로 작용했다. 뒤처진 기술력을 만회하기 위해 애쓰는 과정에서 애플은 의도하지 않았던 혁신을 하게 된다.

마니아에서 주류로, 애플 역사를 다시 쓴 아이팟

2001년 1월, 맥월드에서 애플은 디지털 허브 전략을 발표했다. 잡스는 "맥은 모든 기기를 아우르는 디지털 허브가 될 것"이라고 천명했다. 거창한 연설이었지만 잡스가 디지털 허브 전략을 발표하면서 내놓은 제품은 고작 음악 재생 프로그램인 아이튠스밖에 없었다. 사소한 것을 대단한 것으로 포장하는 데는 탁월한 능력을 가진 잡스였지만, 소프트웨어 하나를 공개하고 모든 디지털 기기의 비전까지 운운하는 건 비약이었다. 그러나 어쩔 수 없는 선택이었다.

아이맥의 인기가 치솟을 무렵, 컴퓨터 업계에는 새로운 조류가 밀려들고 있었다. 컴퓨터를 업무용이 아닌 취미용으로 이용하는 사람들이 점점 많아졌다. 가정에서 구입한 컴퓨터는 교육용을 넘어 게임이나, 인터넷 채팅, 동호회 활동을 하는 등 일상 전반에 영향을 미치는 매체가 된 것이다.

특히 음악과 컴퓨터는 떼려야 뗄 수 없는 관계가 되었다. 이 무렵 읽고 쓰기가 가능한 CD 드라이브가 출시되었고, 작은 용량의 디지털 음악파일인 MP3가 확산되었기 때문이다. 사람들은 더 이상 음반을 사지 않았고, 인터넷을 통해 음악파일을 구해서 들었다. 이들은 자기가 좋아하는 곡만 선별해서 CD로 만들거나 MP3 플레이어에 저장해 가지고 다니면서 음악을 들었다. 이제 가정에서도 손쉽게 컴퓨터로 음악파일을 수집할 수 있었고, 다른 기기와 연결해 파일을 자유롭게 옮기는 게 유행이었다.

애플 컴퓨터의 경우 시대적 흐름이 아닌 잡스의 고집으로 CD 슬롯을 채택했고, 그 결과 아이맥에서는 이런 작업을 할 수가 없었다. 하지만 잡스도 추세가 점점 확대될 거라는 사실은 알 수 있었다. 앞으로 사람들은 음악기기, 비디오 레코더, 카메라 등 다양한 디지털 기기를 컴퓨터와 연결해서 사용할 터였다. 맥이 이 흐름에서 뒤처진다면 다시 한 번 어려움에 처할지도 모른다는 위기감에 부랴부랴 아이맥에도 CD 라이터를 추가했다.

하지만 잡스는 그것으로 만족하지 않았다. 한 번 일을 시작하면 완벽하게 해내고 싶어 하는 기질 때문이었다. 그는 맥에서 자유자재로 음악 작업을 할 수 있기를 원했다. CD에서 음악을 추출한 뒤 그것을 맥에서 관리하고 CD로 굽는 작업 과정을 쉽고 간편하게 만들고 싶었다. 그런데 당시 나와 있던 음악관리 프로그램들이 모두 복잡하고 형편없었다. 잡스는 초보자도 쉽게 사용할 수 있는 음악관리 소프트웨어를 만들기로 했다.

우선 맥에 사용되던, 기존 음악관리 프로그램을 만들던 회사를 인수했다. 그리고 그곳에서 개발한 '사운드잼'이라는 프로그램을 개량해 아이튠스로 바꾸었다. 잡스는 이 작업에 많은 공을 들였다. 개발에 일일이 참여해 사용법부터 인터페이스의 모양과 색상까지 모두 지시했다. 더 단순하고 재미있는 프로그램이 나오도록 감독했다.

결국 아이튠스는 음악관리 분야에서 일시적으로 뒤처진 것을 만회하려는 잡스의 노력이 만들어낸 결과물이었다. 또 디지털 허브 전략은 맥을 다른 디지털 기기와 연결해 사용하는 주체가 되게 하려는 시도였다.

평소 음악을 좋아하던 잡스는 아이튠스를 통해 맥과 연결해서 사용할 수 있는 디지털 음악기기에 관심을 돌렸다. 그런데 시중에 나와 있는 제품 중에는 마음에 드는 게 하나도 없었다. 잡스는 주변 사람들에게 불평을 쏟아냈다. "쓰고 싶은 게 하나도 없어. 정말 후졌어." 결국 잡스는 휴대용 음악 플레이어를 개발하기로 결심했다. 우선 MP3 플레이어를 만들던 포털플레이어라는 외부 업체와 제휴해 그곳에서 진행 중이던 제품을 개량하는 방식으로 신제품 개발에 들어갔다.

시중에 나와 있는 제품은 메모리가 부족해서 담을 수 있는 노래가 기껏해야 20곡을 넘지 못했고 사용법도 복잡했다. 우선 애플은 도시바에서 생산되고 있는 크기는 작지만 5GB를 저장할 수 있는 1.8인치 디스크 드라이브를 찾아내어 독점 계약을 맺었다. 이것으로 제품을 만들면 1,000곡을 저장할 수 있었다. 그리고 사용법이 편리한 디자인을 만드는 작업에는 잡스가 일일이 관여했다.

그는 또 개발자들에게 어떤 노래라도 버튼을 세 번 이내로 눌러서 찾을 수 있어야 한다는 기술적인 기준을 제시했다. 엔지니어들이 가능한 방법을 모두 동원해서 최적의 기기를 설계해도 잡스는 다른 옵션을 제시하며 돌려보냈다. 지난한 과정을 거치면서 결국 수백 곡을 쉽게 찾기 위한 방법으로 휠을 사용하자는 아이디어가 채택되었다. 휠을 돌릴수록 스크롤 속도가 빨라져서 수백 개의 곡도 빠르게 살펴볼 수 있었다. 잡스는 가능하면 아이팟보다는 아이튠스에서 기능이 실행되도록 하라고 지시했다. 아이팟을 단순하게 만들기 위함이었다. 이렇게 해서 2001년 10월, '1,000곡의 노래를 주머니 속에'라는 카피와 함께 아이팟이 공개되었다.

아이팟이 처음 나왔을 때, 잡스가 기대한 것과 달리 시장 반응이 좋지 않았다. 400달러에 달하는 가격은 소비자에게 부담이 되었고, 아이팟을 가지고 있어도 음악 소비가 쉬워진 것은 아니었기 때문이었다. 음악을 들으려면 여전히 CD를 사서 컴퓨터에서 음악을 추출해야 하는 번거로운 과정을 거쳐야 했고, 그렇지 않으면 인터넷에서 불법 다운로드를 통해 음악파일을 구해야 했다. 하지만 만족스러운 음질의 파일을 구하기가 쉽지 않았다.

당시 음반회사들은 냅스터 같은 음악파일 공유 서비스 때문에 골치를 앓고 있었다. 파일 불법 공유로 인해 음반 매출이 날로 줄어들었기 때문이었다. 급기야 음반회사들은 자체적으로 디지털 음악을 회원들에게 온라인으로 공급하는 인터넷 사이트를 만들었다. 그러나 월정액형 서비스로 그 달이 지나면 내려받았던 곡도 들을 수 없게 만들었기 때문에 소비자들의 이용이 매우 적었다.

잡스는 소비자와 음반회사가 겪고 있는 문제를 동시에 해결하려고 했다. 아이튠스 스토어를 만들어 디지털 음악을 소비자들에게 직접 판매하기로 결심했다. 음원을 곡당 99센트에 공급해 70센트는 음반사들 수익으로 보전해주는 방법이었다. 이렇게 하면 소비자들은 좋아하는 노래를 최고의 음질로 싼값에 구매할 수 있고, 음반사도 불법 다운로드로 인한 피해를 줄일 수 있을 거라고 생각했다.

하지만 음반사들은 애플이 온라인 유통의 주도권을 갖는 게 아닌가 걱정하고, 그에 따른 거부감이 있었다. 그러나 잡스는 "시장점유율이 5퍼센트에 불과한 맥에서만 서비스되니 안심하라"고 이야기했다. 또 앨범 단위로 팔지 않고 곡 단위로 파는 것에 대해 불만을 품는 음반사나 가수들도 있었다. 잡스는 이런 사람들을 일일이 찾아가서 설득했다. 1년 넘게 음반업계 사람들을 찾아다니며 설득한 끝에, 2003년 4월 아이튠스 스토어를 선보였다. 그리고 아이튠스에 음원 서비스를 한 지 6일 만에 100만 곡이 팔릴 정도로 성공을 이루었다.

아이튠스 스토어를 시작하자 아이팟의 판매도 서너 배 늘어났다. 그러자 다른 경영진들은 아이팟을 윈도우를 쓰는 컴퓨터에서도 사용할 수 있도록 개발하자고 주장했다. 하지만 잡스는 반대했다. "아이팟을 맥에서만 쓸 수 있게 한 덕분에 맥의 매출이 우리가 기대했던 것보다 훨씬 높아진 겁니다." 이번에는 잡스의 고집도 통하지 않았다. 모든 경영진들이 잡스의 생각에 반대한 것이다. "이제 맥 판매에만 매달려서는 안 되고, 아이팟 사업에 적극적으로 임해야 합니다."

이 논쟁을 보면, 아이튠스나 아이팟은 애초에 맥의 매출 확대 전략의 일환으로 만들어진 게 분명하다. 잡스에게도 여기서 더 나아갈 계획은 없었다. 그러나 예기치 않게 음악산업의 주도권을 잡게 되자, 더 좋은 기회가 생긴 것이다. 하지만 잡스는 결국 윈도우용 아이팟의 출시를 막지 못하고, "그럼 당신들이 알아서 하시오"라며 대세를 인정하고 말았다. 그리고 기왕에 윈도우용 아이팟을 출시하려면 윈도우용 아이튠스도 만들어 배포하라고 지시했다. 애플이 윈도우용 소프트웨어를 개발한 것은 이례적인 일이었다. 하지만 아이팟 소비자들의 만족도를 높이기 위해서는 어쩔 수 없었다.

이제 윈도우 컴퓨터 사용자들도 아이튠스 스토어를 통해 음악파일을 구매할 수 있게 되었다. 물론 일일이 음반회사들과 윈도우용 아이튠스 스토어에 대한 새로운 계약을 해야 했다. 그러나 오프라인 음반 판매가 줄어들고 있는 상황에서 아이튠스 스토어를 통해 수익이 늘어난 음반회사들 대부분이 자발적으로 연장 거래를 원해 협상이 수월하게 진행되었다.

2003년 10월, 윈도우용 아이튠스가 출시되었다. 이듬해부터 아이팟은 날개 돋친 듯 팔려나갔다. 2005년부터는 한 해에 수천만 대씩 팔려, 2011년 말까지 3억 2,000만 대의 아이팟이 판매되었다.

아이팟을 기점으로 애플의 역사는 달라졌다. 애플은 더 이상 마니아들을 대상으로 비싼 물건을 파는 회사가 아니었다. 아이팟은 애플이 마니아 중심에서 대중화되는 기폭제였다. 애플 스스로도 인지도와 고객의 충성도, 브랜드 가치 상승 등 과거와는 전혀 다른 회사가 되었음을 인정했다. 2007년 1월, 애플 컴퓨터는 회사 이름에서 컴퓨터라는 명칭을 공식적으로 떼어내고, 애플 Apple Inc.이 된다. 이제는 컴퓨터만 만드는 회사가 아니라는 사실을 천명한 것이다.

애플의 역사를 바꾼 아이팟의 성공도 의도한 것이 아니었다. 픽사처럼 아이팟의 성공도 예측하지 못한 일이었다. 처음부터 음악기기 사업을 하려고 했던 것은 아닌데, 어쩌다 보니 음악이 사업의 중심이 된 것이다. CD 슬롯을 고집한 전략의 실패를 만회하기 위해 아이튠스를 출시하고, 아이팟을 내놓았다. 그래서 애플 성공의 뿌리는 아이맥부터다.

그렇지만 아이팟이 성공하게 된 계기는 아이튠스 스토어를 열었기 때문이다. 아이튠스 스토어는 앱스토어와 결합하여 현재 애플 제품을 사게 만드는 애플의 핵심역량 중에서도 핵심이다. 그런데 아이튠스 스토어는 맥의 시장점유율이 낮았기 때문에 출범할 수 있었다. 자체 유통에 욕심을 내던 음반사들이 애플이 마이너 업체였으므로 시험 삼아 계약을 해주었기 때문이다. 만약 마이크로소프트처럼 시장점유율이 높은 업체였다면 절대로 불가능했을 것이다. 이를 시작으로 애플은 온라인 유통의 주도권을 쥐게 되었다. 아이튠스, 아이팟, 아이튠스 스토어, 윈도우용 아이튠스 출시 등 아이팟이 성공하게 된 길목, 길목에서 어쩌면 그렇게 애플에 필요한 상황이 연출되었는지, 운명과 행운은 같은 말인 것 같다.

그러나 여기서 한 가지 짚고 넘어가야 할 게 있다. 운과 우연은 다르다는 점이다. 픽사의 성공은 운이었지만, 아이팟의 성공은 우연이다. 우연에 의한 성공은 그것을 계획하지 않았다는 의미이지, 아무 노력도 하지 않았다는 말은 아니므로 운과 구별된다.

우연에 의한 성공은 네 가지 요소가 결합되어 나타난다. 첫째, 잡스가 컴퓨터에 미친 것처럼 좋아하는 일을 해야 한다. 둘째, 잘할 수 있는 일을 해야 한다. 셋째, 경험을 통해 실력을 축적해야 한다. 잡스는 매킨토시를 개발할 때부터 디지털 기기 개발에 대한 안목을 키웠다. 오랜 기간 넥스트와 픽사에서 역점을 둔 컴퓨터 사업은 실패했지만 그 경험이 고스란히 축적되었다. 이런 축적이 없었다면 기회가 왔어도 아이팟을 대히트시키지는 못했을 것이다. 넷째, 시대적 상황과 사회적 여건이 기회를 부여해야 한다. 애플 역시 디지털 음악이 뜨던 시기에 아이팟을 출시하게 되었기에 성공할 수 있었다. 그런데 네 번째 요소는 외부 변수로 사람이 좌지우지할 수 없는 부분이다. 그래서 성공을 우연이라고 부르는 것이다. 1장 말미에 이 부분에 대해 좀더 자세히 다루겠다.

아이팟 사례를 정리하고 나니, 이런 의심이 들었다. 잡스는 하필이면 왜 음악을 택했을까. 물론 사진이나 영화보다 음악은 반복적으로 소비하는 것이기 때문에 기기를 더 자주 사용할 테니, 디지털 허브 전략의 출발점으로 적합했을 것이다. 그러나 잡스 자신이 음악 마니아라서 그쪽을 선택한 건 아닐까.

휴대폰을 넘어 오락용 기기로 탄생된 아이폰

아이팟의 성공은 애플 경영진도 당황할 만큼 놀라운 것이었다. 한 달에도 수백만 대씩 팔려나가며 전체 매출에서도 절반 가까운 비중을 차지하게 되었다. 회사 이름에서 컴퓨터라는 명칭을 뺄 만도 했다.

그러나 잡스는 이런 추세가 오래가지 않을 거라고 확신했다. "우리 밥그릇을 빼앗을 수 있는 건 바로 휴대폰이에요." 당시 디지털 기기들은 하나로 뭉쳐지고 있었다. 이런 컨버전스 트렌드를 이끌고 있던 주체가 바로 휴대폰이었다. 휴대폰 제조업체는 디지털 기기의 특성을 하나씩 기기에 담아 경쟁하고 있었다. 디지털 카메라를 장착한 카메라폰이 인기를 끌자 디지털 카메라 시장이 타격을 받았다. 제조업체들은 카메라폰에 이어 뮤직폰을 내놓을 계획이었다. 잡스는 이런 추세를 우려했다. "휴대폰은 누구나 갖고 다니는 거니까, 아이팟이 쓸모없는 기기가 돼버릴 수도 있습니다."

잡스는 그렇게 되기 전에 새로운 기기를 개발해 분야를 선점하기로 했다. 그 시도로 모토로라와 합작해 아이팟 기능이 들어간 휴대폰 록커를 출시했다. 록커는 아이튠스를 활용할 수 있는 최초의 휴대폰으로 출시 전에 언론과 대중들에게 많은 관심을 받았다. 그러나 막상 출시된 록커는 볼품없는 외관에 용량도 작아 100곡밖에 저장되지 않았다. 모토로라와 애플, 통신회사인 싱귤러 각각의 서비스를 조합하다보니 실망스러운 제품이 탄생된 것이다. 잡스는 이 경험으로 애플이 단독적으로 모든 걸 다 통제하고 컨트롤해야 한다는 자신의 철학에 확신을 갖게 되었다.

그 후 아이팟을 개발할 때와 마찬가지 일이 벌어졌다. 잡스는 틈만 나면 시장에 나와 있는 휴대폰에 대해 불평했다. "하나같이 형편없어요. 전화기들이 너무 복잡합니다. 기능을 파악하기도 힘들고, 무슨 미로를 헤치고 다니는 것 같잖아요. 우리끼리 합시다." 이렇게 해서 아이팟 매출이 본격적으로 도약했던 2005년 애플은 휴대폰 개발을 시작했다.

처음에는 아이팟을 개량해 휴대폰을 개발하려는 시도를 했다. 하지만 통신기기인 전화기는 단순히 음악을 재생하는 아이팟보다 훨씬 복잡했다. 기존 아이팟의 디자인으로는 어림없었다. 그래서 잡스는 전혀 새로운 디자인을 구상해야 한다는 쪽으로 마음을 돌렸다.

애플은 이미 오래전부터 태블릿 PC 개발을 할 것인지에 대해 저울질하고 있었다. 다만 그것이 소비자들에게 매력적으로 다가갈지 확신이 들지 않아 본격적으로 개발에 들어가지만 않았을 뿐이었다. 잡스는 기존 태블릿들이 스타일러스펜을 사용하는 게 못마땅했다.

손가락만으로 터치해서 입력할 수 있다면 훨씬 편리할 터였다.

당시 터치스크린 기술은 화면의 한 지점에 손가락을 대면 마치 마우스로 클릭하듯이 명령을 인식하는 정도였다. 잡스는 손가락으로 한꺼번에 여러 가지 명령을 입력을 처리할 수 있는 '멀티터치' 기능을 원했다. 애플은 내부에서 멀티터치 기술을 개발하는 동시에, 손가락으로 밀기나 꼬집기 같은 멀티터치 기술을 특허 낸 핑거웍스라는 중소기업을 인수하기도 했다. 그래서 이 무렵 애플은 터치스크린 기술에 상당히 앞서 있었다. 잡스는 이 기술을 태블릿 PC가 아닌 휴대폰에 적용하기로 했다.

이번에도 잡스는 강박에 가까운 집착을 보이며 디자인과 인터페이스 설계에 일일이 관여했다. 실패한 록커에 대한 분풀이라도 하듯이 다시 모든 지휘권을 잡고 휘둘렀다. 터치스크린 제품의 핵심은 스크린이었다. 하지만 당시에는 스크린으로 사용할 마땅한 자재가 없었다. 잡스는 고심한 끝에 표면이 긁히지 않는 유리로 선택했지만 생산업체인 코닝은 이미 개발을 중단한 상태였다. 그렇다고 포기할 잡스가 아니었다. 잡스는 바로 코닝을 찾아가 중단된 생산 라인을 다시 돌아가게 만들었다.

잡스는 단순히 예쁘게 만드는 게 디자인이라고 생각하지 않았다. 제품의 기본인 소재의 특성을 이해하고, 그 성질을 충분히 담아내야 훌륭한 디자인이라고 인정했다.

평면스크린이 개발되었을 때 이런 일이 있었다. 점점 소비자들이 평면스크린을 선호하게 되자 아이맥의 디자인을 바꾸기로 했다. 디자인 실장인 아이브는 컴퓨터 본체가 평면 스크린 뒷면에 장착되는 모델을 구상했다. 하지만 이번에는 아이브의 생각에 동의하지 않았다. 못마땅하게 생각하던 잡스가 한 마디 던졌다.

"모든 걸 뒷면에 갖다 붙이려면 뭣하러 평면스크린을 만드나? 각각의 요소가 제각기 그 본분을 발휘하게 해야지."

유리에 집착한 것도 이 같은 디자인 철학이 반영된 것 같다. 앞면 전체를 감쌀 유리의 디자인은 소재에서부터 시작되어야 한다고 생각한 것이다.

잡스는 휴대폰 개발에도 통제욕을 발휘해 매킨토시처럼 소비자들이 기기를 임의로 열어보지 못하게 완전히 막아버렸다. 기존 휴대폰은 소비자가 배터리를 교체할 수 있도록 뒷면을 열 수 있게 만들었다. 하지만 잡스는 배터리를 바꿔 끼우기 위해 여는 것도 못하게 만들었다. 나중에 외부 수리점들이 아이폰을 열어본다는 사실을 알게 되자, 시중의 드라이버로는 열 수 없는 특수 나사로 교체해 조립할 정도였다. 이 일화는 정말 사람의 본질은 바뀌지 않는다는 사실을 다시 한 번 실감하게 해준다.

2007년 6월 말에 나온 아이폰은 500달러에 이르는 비싼 가격에도 불구하고 히트를 쳤다. 출시 첫날, 소비자들은 기다렸다는 듯이 미국 곳곳에 위치한 애플 스토어에서 밤새 줄을 서 기다리는 진풍경을 만들어냈다. 미국을 비롯해 6개국에서만 출시됐지만 첫 모델은 600만 대 이상 팔렸다. 이듬해 새로운 모델부터는 출시 국가도 늘어나고 입소문도 확산되면서 수천만 대 이상 팔리기 시작했다. 2012년 여름까지 5개의 모델이 모두 2억 5,000만 대 가까이 팔렸다.

아이팟을 출시해 디지털 음악기기 시장을 쑥대밭으로 만들었던 애플은 아이폰으로 휴대폰 시장에도 커다란 혼란을 가져왔다. 아이폰이 나오면서 기존 휴대폰 시장의 게임 룰은 모두 바뀌었고, 오랫동안 안정적으로 유지되던 업계 순위도 빠르게 재편되었다. 이제 애플은 명실공히 휴대폰 회사가 되었다.

이런 아이폰의 성공을 두고 애플이 다수의 사람들이 참여할 수 있는 생태계를 만들었기 때문이라는 견해가 많다. 외부 개발자들이 아이폰용 프로그램을 개발하도록 오픈한 게 소비자들을 끌어들였다는 것이다. 개발자들이 앱스토어에 프로그램을 올리면 소비자들이 필요한 것을 다운받게 만들었는데, 많은 사람들이 이 서비스를 이용했다. 2012년 여름을 기준으로 앱스토어에는 65만 개가 넘는 프로그램이 올라와 있고, 소비자들이 다운로드한 횟수는 300억 회를 돌파했다. 아이폰으로 할 수 있는 게 점점 많아지면서 판매가 늘어났다는 설명이다. 정말 그런 것일까.

오히려 반대로 설명해야 이해가 빠를 것 같다. 자기가 만든 제품을 철저히 통제해야 직성이 풀리는 잡스는 처음에는 앱스토어를 반대했다. 그래서 다른 경영진들의 압력에 의해 아이폰이 나온 지 1년이 지난 후에야 앱스토어를 만들었다. 두 번째 아이폰 모델 공개와 함께 앱스토어를 출범했다. 모든 서비스가 그렇듯이 앱스토어를 공개했음에도 불구하고 초기 반응은 그다지 좋지 않았다. 두 번째 아이폰이 대히트를 기록하면서 개발자들이 모여들기 시작한 것이다. 말하자면 아이폰의 성공이 자유로운 앱스토어 생태계를 만든 것이다. 앱스토어에 있는 많은 서비스가 아이폰의 매출에 긍정적인 영향을 준 것은 사실이지만, 처음 출발은 아이폰이 견인한 것이다.

또 아이폰이 출시된 초기에 힘을 실어준 것 역시 애플 마니아였다. 애플의 제품들은 과거부터 대중적이라기보다 마니아들이 열광했다. 맥을 통해 생성된 마니아들의 수는 많지 않았다. 하지만 아이팟의 성공으로 마니아 숫자가 기하급수적으로 늘어났다. 이들은 애플의 신제품 출시에 촉각을 곤두세우고 있었고, 아이폰이 출시된다는 소식에 애플 스토어 앞에서 밤을 지새우며 제품을 기다렸던 것이다. 이들의 구매가 초기 성공을 가져다주었다.

아이폰을 히트시킨 둘째 이유는, 멀티터치 기능이 사람들에게 신선하게 다가갔기 때문이다. 사실 터치스크린은 휴대폰 업계에서 이미 검증이 끝난 기술이었다. 휴대폰에 터치스크린을 활용하는 것은 상당히 불편하다고 결론이 났다. 특히 차세대 기술로 게임폰 개발에 집중했던 휴대폰 업체들은 터치로 게임을 하기 어렵다고 판단했다. 그러나 잡스의 고집으로 개발된 화려한 멀티터치 기능이 소비자를 매혹했다. 화면을 옆으로 밀어 창을 바꾸고, 엄지와 검지 두 손가락을 이용해 화면이 확대되거나 축소되는 줌 기능에 사람들은 열광했다. 물론 터치스크린에도 단점은 있었지만 신기하고 새로운 방식이 독특하고 매력적이었기 때문에 사람들은 금세 적응했다.

셋째, 시대에 걸맞았다. 기술이 점점 발달하여 휴대폰 제조사는 매번 어떤 새로운 기능을 탑재해야 할지 고민이었다. 초기에는 통화 품질을 개선하는 게 핵심이었고, 이게 해결되자 차례로 카메라, 저장용량, 음악 플레이어 등 새로운 기술을 휴대폰에 집어넣었다. 그러다가 디자인에 집착하기도 했다. 컴퓨터와 마찬가지로 기술의 시대가 지나가자 디자인이 잘된 휴대폰이 유행하기 시작했고, 사람들은 끊임없이 새로운 욕구를 만들어냈다.

어릴 때 교과서에서 욕구 단계설을 배웠다. 하나의 욕구가 해결되면 다른 것을 열망하는 것이 인간의 본성이라고 한다. 욕구 단계를 간단하게 설명하면, 기본적인 욕구가 충족되면 상위의 욕구를 추구한다는 것이다. 컴퓨터나 휴대폰을 예로 들면, 기본에 해당되는 기술이 중심이 되다가 더 높은 가치인 아름다움, 미적 욕구로 옮겨가는 현상이다.

그럼 인간은 최종적으로 무엇을 원하는가. 이 이론을 정립한 심리학자는 인간은 무언가에 깊게 빠질 때 최고의 행복을 느낀다고 했다. 일이나 연구에 몰입되어 자아실현을 경험하거나, 스포츠나 놀이에 빠질 때 가장 즐겁다는 것이다. 결국 자아실현은 일을 노는 것처럼 하는 상태로, 노는 게 가장 고차원적인 욕구라는 것이다.

어떤 제품이든 기술 발달로 사람들이 필요로 하는 기본적인 기능이 해결되면 새로운 욕구가 생긴다. 그 궁극은 노는 것이다. 즉 모든 제품의 궁극적인 종착점은 장난감이다. 아이폰은 사실 장난감이었다. 스마트폰으로 무엇을 하는지 생각해보면 장난감이라는 사실이 분명해진다. 디자인도 아름다웠지만 아이폰은 소비자의 놀고 싶어하는 욕구를 충족시켜주었다. 애플은 장난감을 만드는 회사가 된 것이다.

이 대목에서 짚고 넘어가야 할 게 있다. 잡스는 분석적인 사람이 아니다. 그가 휴대폰 소비자의 욕구를 분석하고 아이폰을 개발한 것은 아니었다. 그는 처음부터 놀이도구를 만들고 싶어 했다. 컴퓨터가 업무용으로 쓰이던 시절, 매킨토시를 만들 때부터 잡스는 놀이용품을 만들었다. 그리고 그 이후에도 계속 자신의 고집을 추구해왔다. 그러다가 오락용 전자제품이 필요한 시대가 되었을 때, 시대가 잡스의 애플을 발견한 것이다.

스컬리의 회상이다.

"스티브가 컴퓨터에 문외한인 나를 대표로 앉힌 것도 결국에는 컴퓨터가 소비자 가전으로 자리매김할 것을 확신했기 때문이었어요. 사람들은 PC를 대형 컴퓨터의 미니 버전으로 생각했고, IBM도 역시 마찬가지였죠. 하지만 잡스는 생각이 달랐어요."

라이프스타일 브랜드를 창조한 아이패드

아이폰이 성공하자 잡스는 드디어 태블릿 PC의 시장성에도 확신을 가졌다. 태블릿을 위해 개발한 멀티터치 기능이 사람들에게 각광을 받았기에 더 그랬다.

태블릿 PC는 2000년대 초반부터 마이크로소프트, HP, 도시바 등 유명 컴퓨터 업체들이 모두 패배의 쓴맛을 본 분야다. 새로운 태블릿이 시장에 나올 때마다 언론의 주목을 받았지만 일부 마니아들에게

만 소량 판매될 뿐 대중적으로 성공을 거둔 제품은 하나도 없었다.

이런 분위기를 감지한 잡스도 애플에서는 태블릿 PC를 개발하지 않을 거라고 공공연히 말해왔다. 하지만 태블릿은 가장 잡스다운 기기였다. 소비자들이 항상 가지고 다니면서 손쉽게 게임이나 음악을 즐길 수 있는 컴퓨터, 아니 놀이기기였기 때문이다. 다른 컴퓨터 회사들이 그동안 내놓은 태블릿이 번번이 시장에서 외면당한 이유는 컴퓨터로 인식하고 개발했기 때문이었다. 하지만 잡스는 태블릿을 놀이도구로 보았다. 그리고 아이폰이 성공하자 이제 태블릿을 소비자들에게 내놓아도 될 거라고 확신했다.

태블릿을 개발하기로 결심한 이후 잡스는 디자인 스튜디오에서 아이브와 함께 놀았다. 물론 터치로 움직이는 디스플레이가 핵심이므로 이를 방해하는 기능과 버튼을 배제하는 디자인에 역점을 둔 개발회의였다. 그 일환으로 항상 휴대하기 편하게, 밑면을 약간 둥글려 바닥이나 책상에 두었다가도 집어들기 쉽게 디자인했다. 하지만 이렇게 설계하면 연결 포트와 버튼 설계가 힘들어진다는 한계가 있었다. 이번에도 엔지니어들은 불만을 쏟아냈다. 하지만 늘 그렇듯이 디자인이 중심이 되어 태블릿 PC의 개발은 진행되었다.

2010년 1월에 아이패드가 공개되었을 때, 언론에서는 혹평을 했다. 하지만 소비자들의 반응은 뜨거웠고, 대성공이었다. 한 달에

애플의 네 가지 히트상품. 아이맥, 아이팟, 아이폰, 아이패드

100만 대 이상 판매되어 1년 만에 1,500만 대가 넘게 팔렸다. 기자들이 아이패드의 약점으로 제시한 바로 그 점이 사실상 아이패드의 강점이었다. 언론의 논조는 주로 이런 것이었다.

"아이패드는 콘텐츠를 소비하기에는 매력적인 기기이지만 콘텐츠를 제작하는 데는 크게 도움이 되지 않는다. 수동적인 소비자가 되라는 이야기다."

업계에서는 아직도 태블릿 PC를 컴퓨터의 한 종류로 인식하고 있었다는 뜻이다. 전문가들은 사람들이 태블릿으로 일을 할 거라고 분석했다. 하지만 사람들은 아이패드를 이용해 문서 작업을 하거나 사진을 편집하기보다는 책을 읽거나 영화를 보고, 앱스토어에서 재미있는 프로그램을 다운받아 즐기는 데 사용했다. 잡스의 예상이 적중한 셈이다. 첫 모델에 카메라를 넣지 않은 것도 이 때문이다. 카메라 기능이 들어간 이후에도 사람들은 사진을 찍어 인터넷 사이트에 올리거나 메일로 공유하는 정도로만 활용했다.

오래되지 않아 컴퓨터 업계에서도 태블릿의 특징을 제대로 분석하기 시작했다. 아이패드 2의 출시가 임박했을 때, 유명한 리서치 회사에서 판매량 예측을 갑자기 상향 조정했다. 그들이 내세운 근거는 이런 것이었다.

"아이패드를 비롯한 태블릿 PC는 컴퓨터보다는 MP3 플레이어나 휴대폰에 가깝습니다. 그러니까 생산성 도구라기보다는 '라이프스타일 디바이스'라고 할 수 있습니다. 라이프스타일 디바이스는 교체 주기가 매우 빠른 게 특징입니다. 쉽게 말해서 아이패드를 구입한 소비자들은 올해 아이패드 2가 새로이 출시되면 별 생각 없이 구매할 것입니다. 구형 모델은 자녀들이 차 뒷좌석에서 가지고 놀게 될 것입니다."

휴대폰을 바꾸듯 유행에 따라 아이패드를 교체한다는 게 요점이다. 잡스의 오랜 친구로 애플의 이사회 멤버이자 오라클의 대표인 래리 엘리슨은 일찍이 잡스의 이런 면을 간파했다. 애플에 복귀했을 때 이미 잡스가 이런 일을 해낼 것이라고 예측한 것 같다.

"스티브는 첨단 기술 업계에서 라이프스타일 브랜드를 창조해낸 유일한 인물입니다. 사람들이 포르쉐, 페라리 같은 자동차를 갖고 자부심을 느끼는 이유는 '내가 모는 차가 나를 말해준다'고 여기기 때문입니다. 사람들은 애플 제품에 대해서도 그렇게 느꼈지요."

애플의 성공=잡스의 개성과 경험×환경 여건

잡스의 연표를 그려보았다. 업적을 중심으로 나열한 게 아니라,

연도를 중심으로 만들었다. 중요한 일을 중심으로 연표를 정리하면 그의 인생을 객관적으로 볼 수 없다는 생각에서다. 빛나는 1년이나 별 볼 일 없는 1년이나 사람에게는 똑같이 지나가는 법이다. 잡스에게도 거의 알려지지 않은 넥스트 시기가 가장 긴 기간을 차지하는 것을 알 수 있다.

그의 연표를 보면 개발했던 제품 중 절반 이상이 실패했다는 것도 확인할 수 있다. 초기 애플 II를 제외하면 매킨토시도 사업적으로는 실패했고, 넥스트는 말할 것도 없다. 애플 II의 성공도 사실은 워즈니악의 공이라고 할 수 있다. 픽사에서도 알아주지도 않는 제품만 팔려고 했을 뿐, 애니메이션에 집중한 시기는 1년도 안 된다. **잡스가 픽사에 집중한 기간은 1년밖에 안 되어서 연표에서 화살표를 짧게 표시했다.**

애플에 복귀한 이후 개발한 제품 네 가지가 연달아 성공했고, 그 결과가 엄청나서 그렇지, 실제로 36년의 경력 중에 15년을 제외한 21년은 실패의 시기였다.

또 하나의 특징은 주로 후반기에 성공한 제품들이 모여 있다는 사실이다. 애플에 복귀한 이후다. 많은 사람들은 이것을 보고 잡스가 성숙해졌기 때문이라고 평가한다. 넥스트의 실패를 통해서 배우고, 픽사에서 콘텐츠의 중요성을 인식한 후 사업을 보는 안목이 달라졌다는 것이다.

1976
1977 애플 II (1977년 출시)
1978
1979 애플 III, 리사 (프로젝트 참여)
1980
1981
1982
1983
1984 매킨토시 (1984년 출시)
1985
1986
1987 픽사 이미지 컴퓨터 (1987년 출시)
1988
1990 넥스트 컴퓨터 (1990~1992년 출시)
1991
1992 소프트웨어 판매 시도 (1991~1994년)
1993
1994 넥스트 소프트웨어 (1993~1996년)
1995 픽사 애니메이션 (1995년 개봉)
1996
1997
1998 아이맥 (1998년 출시)
1999
2000
2001 아이팟 (2001년 출시)
2002
2003
2004
2005
2006
2007 아이폰 (2007년 출시)
2008
2009
2010 아이패드 (2010년 출시)
2011

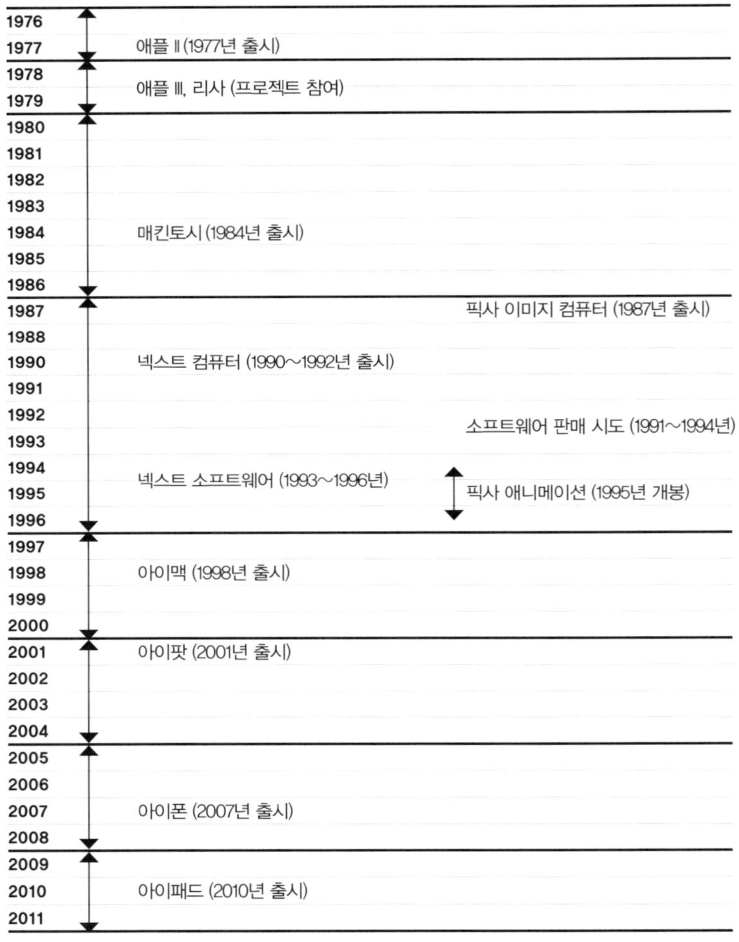

스티브 잡스의 연표

하지만 나는 조금 다르게 생각한다. 픽사의 성공을 경험하면서 영화나 음악 같은 오락의 중요성에 눈떴고 이후 출시되는 제품에서 커다란 역할을 한 것은 맞다. 그러나 복귀 이후 잡스의 사업 전략이 보다 유연해지긴 했지만, 본질적인 부분은 변하지 않았다. 아무리 성공해도 사라지지 않은 그의 분노는 여전히 혁신의 동기가 되었고, 오만함은 무엇이든 할 수 있다는 실행의 동력이 되었다. 통제욕구는 끝까지 완벽을 기해서 제품을 만드는 끈기를 만들어냈다.

복귀 이전과 이후의 가장 큰 차이점은 환경이다. 잡스가 달라졌다기보다는 시대가 달라진 것이다. 잡스가 복귀한 시기는 디지털 혁명이 가속화되고 컴퓨터 업계가 성숙기로 접어든 때였다. 즉, 기술보다는 디자인이 중요해지는 시기였다. 잡스는 늘 기술보다는 미학에 관심을 두었다.

만약 그가 애플을 떠나지 않았거나, 10년 후에 복귀했더라면 어땠을까. 애플에 그대로 있었다면 예쁜 컴퓨터에 대한 그의 고집은 소비자에게 일찌감치 외면받았을 테고, 애플은 사라졌을지도 모른다. 10년 후에 복귀했다면 예쁜 컴퓨터는 이미 다른 곳에서 만들었을 테고, 디지털 음악의 혁명가라는 명예 또한 다른 사람의 것이 되었을 것이다.

앞에서 살펴보았듯이 복귀한 후 개발한 네 가지 제품은 연속선상에 있어 서로 밀접하게 연결된다. 앞의 제품이 없다면 뒤의 것도 없다. 한두 제품은 시대적 상황에 잘 맞아떨어졌고, 우연한 상황의 도움을 받기도 했다. 그러니까 애플의 성공은 잡스의 개성과 시대적 환경 여건이 결합해 만들어진 것이라고 나는 생각한다. 애플을 똑같이 따라 해도 애플처럼 될 수 없는 것은 이 때문이다. 애플의 성공에는 보편성보다 특수성이 너무 많다.

성공 메커니즘과 무계획의 성공 확률

애플의 성공에 특수한 상황이 영향을 주었지만, 애플이 아무것도 하지 않은 것은 아니다. 애플의 성공을 모두 운으로 치부하며 고민을 끝내기에는 뭔가 부족하다. 무조건 애플의 성공 노하우를 따라 하면 안 된다고 하는 것도 섣부른 판단이다.

성공에 대해 다룬 수많은 서적에 제시된 비결을 따라 해도 같은 결과를 얻을 수 없다고 무가치한 것은 아닌 것과 마찬가지다. 그렇다면 어떻게 해야 할까? 그 진리는 아마 성공 비결을 맹목적으로 따라 하는 것과 아예 무시하는 것, 그 중간쯤에 있는 것 같다.

진리에 다가가기 위해서는 개별적인 성공 비결 자체를 다루는 게 아니라 성공의 의미를 전혀 다른 차원으로 접근할 필요가 있다. 성공은 생각보다 복잡한 메커니즘에 의해 만들어진다.

앞에서도 언급한 것처럼 운과 우연은 다르다. 운에 의한 성공은 복권에 당첨되는 것처럼 아무 노력도 하지 않은 상태에서 찾아오는 것이지만, 우연에 의한 성공은 결과를 얻기 위해 쌓아온 노력과 여러 가지 요소들이 결합되어야 가능하기 때문이다. 특히 큰 성공은 네 가지 변수가 어우러져 상승작용을 해야 한다.

① 적성. 좋아하는 일을 할 때 성공할 가능성이 높아진다. 잡스는 개인 소비자를 위한 제품을 만들 때 가장 열정적이었고, 희열을 느꼈다. 넥스트와 픽사를 경영할 때 하드웨어 사업이 어려워지자 기업용 소프트웨어를 만든 적이 여러 번 있다. 이때의 잡스는 일에 대한 열정이 없었고, 자연스럽게 탁월한 제품을 만들 수 없었다.

② 능력. 잘하는 일을 해야 한다. 그런데 좋아하는 것과 잘하는 것은 관련성이 매우 높다. 좋아하지 않는 일을 잘하기는 어렵고, 어떤 일을 잘하게 되면 좋아지기도 한다.

③ 축적. 좋아하고 잘하는 일을 한다고 성공이 보장되지는 않는다. 실제적인 역량이 축적되어야 한다. 역량은 경험을 통해 학습되고, 과정을 겪으면서 축적된다. 하지만 경험과 축적되는 역량이 정

확히 비례하는 것은 아니다. 처음에는 축적 양이 거의 체감할 수 없을 정도이지만 시간이 지나면서 급격히 느는 곡선 형태의 그래프를 그리기도 한다. 잡스 역시 매킨토시 개발과 실패, 넥스트와 픽사에서의 실패한 경험이 어느 순간 하나로 응축되어 애플에 복귀한 이후 역량을 발휘하게 된 것이다.

④ 상황. 성공을 직접적으로 결정짓는 가장 큰 변수가 바로 시대적, 사회적 상황이다. 좋아하고 잘하는 일을 꾸준히 하면서 실력을 축적했더라도 성공할 수 있는 특수한 여건이 주어지지 않으면 성공으로 이어지지 않는다. 어쩌다 시대적 조류에 편승해 성공했더라도

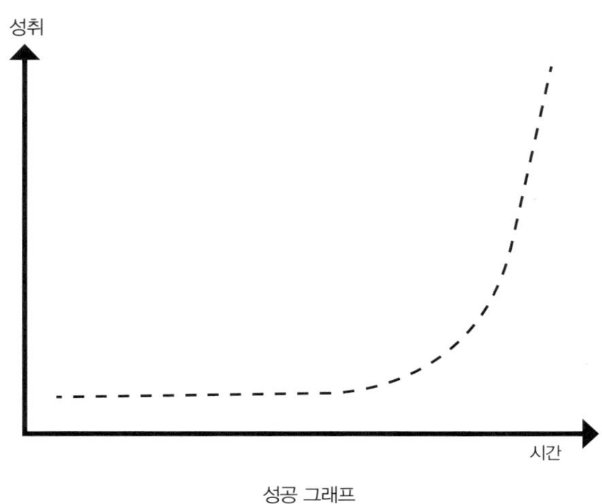

성공 그래프

하루아침에 몰락하기도 한다. 이렇게 시대적, 사회적 상황은 사람이 컨트롤할 수 있는 변수가 아니다. 그래서 대부분의 성공은 우연이라고 볼 수 있다. 아이맥이 개발될 때 컴퓨터 산업 환경이나 아이팟 출시 당시 음반업계 상황은 잡스가 좌지우지할 수 있었던 게 아닌 것과 같다.

이 네 가지 변수들이 결합되어야 성공하게 되는데, 중요한 사실은 앞의 세 가지 요소의 결합에 따라 성공 가능성의 크기가 개별화된다는 점이다. 개인의 적성과 능력, 축적에 따라 성공할 가능성이 정해지고, 시대적 상황에 잘 부합해 기회를 만나면 성공하게 된다. 그 크기 역시 사람마다 다르다. 열심히 노력하고 똑같은 기회가 왔지만 어떤 사람은 국내에서만, 또 어떤 사람은 세계적으로 성공을 하

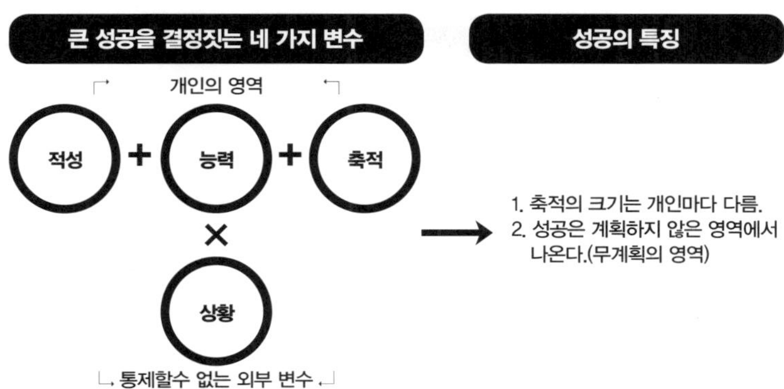

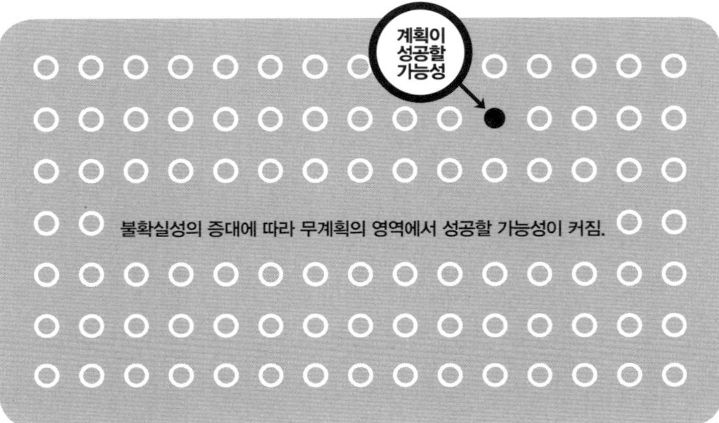

기도 한다. 그 이유는 적성의 적합도, 선천적인 능력의 차이, 경험과 학습에 따른 역량의 축적 정도가 사람마다 다르기 때문이다. 그래서 기회를 만나 그동안 축적한 역량을 시험해보기 전까지 그가 어느 정도 성공할지 아무도 모른다.

싸이가 노래 한 곡으로 세계적인 명성을 얻었다. 하지만 싸이의 성공 역시 우연으로 이루어졌다. 아무리 독특하고 재미있는 곡이었어도 유튜브에 올린 뮤직비디오가 터지지 않았다면 세계적으로 성공하지는 못했을 것이다. 그러나 싸이가 세계적인 인기를 얻게 된 것은 그동안 쌓아온 적성과 능력, 축적된 역량이 그것을 받아들일 수 있을 만큼 컸기 때문이다. 똑같은 기회가 왔어도 인기를 지속시키지 못하고 국내 활동에 머무는 가수도 많을 테니까.

이때 간과해서는 안 될 점은 성공하기 위해서는 상황에 따른 우연의 역할이 매우 크다는 것이다. 불확실성이 커지면서 성공 기회를 부여하는 '상황'은 점점 계획과 무관한 곳에서 나타난다. 아이맥을 확산시키기 위해 개발한 아이팟이 생각지도 못하게 성공한 것과 같다. 이것은 곧 적성, 능력, 축적 활동을 열심히 하면 '무계획의 성공 확률'과 잠재적인 성공의 크기를 키울 수 있다는 의미이다. 바로 여기에 성공의 복잡함과 미묘함이 숨어 있다.

성공 비결의 단골 메뉴는 목표와 계획이다. 대부분의 사람들이 목표한 대로, 계획한 대로 성공하지 못한다. 그러나 목표가 이루어지지 않았다고 해서 실패는 아니다. 목표를 이루기 위한 활동은 대부분 좋아하는 일을 하는 적성, 잘하는 일을 하는 능력, 경험을 학습하는 축적 활동 중 일부인데, 이런 활동은 비록 목표한 일은 이루지 못했더라도 무계획의 영역에서 성공할 확률을 높였을 것이기 때문이다. 이제 계획을 실천해 목표를 달성하면 성공할 수 있다는 흔한 성공 방정식을 버리고, 새롭게 생각할 때다.

이런 성공 메커니즘을 이해하게 되면, 사람들은 성공을 위해 더 이상 고통스러운 과정을 인내하는 삶을 선택하지 않을 것이다.

성공을 하기 위해서는 시간이 걸린다. 아무리 잘 아는 분야라도 역량이 축적되어야 하기 때문에 단기간에 성공하기란 어렵다. 또 성공이라는 목표를 위해 무작정 참아내며 실력을 축적했더라도 시대적 상황, 기회를 만나지 못하면 성공한다는 보장은 없다. 그래서 성공을 바란다면 좋아하는 일을 찾아야 하는 것이다. 그렇지 않으면 성공에 대한 열망도 고통스러운 시간에 비례해 사라지기 때문에 오래 버티기 힘들다.

잡스는 21년이 지나서야 자신이 추구하던 이상적인 제품을 성공시켰다. 그러나 잡스에게 성공하지 못했던 21년에 대해 묻는다면, 그 시절 역시 재미있었다고 대답할 것이다. 잡스는 21년을 고통스럽게 참아낸 게 아니라, 즐기며 보냈기 때문이다. 설사 아이맥이 성공하지 못하고, 애플이 답보 상태에 있었어도 잡스는 행복했을 것이다. 좋아하고 잘하는 분야를 찾고, 하루하루 실력이 축적되는 것 자체를 즐길 줄 아는 사람이었기 때문이다.

이렇게 성공 메커니즘을 알게 되면 실패에 대한 생각도 달라진다. 성공이 우연에 의해 결정된다고 해도 그동안 해온 노력이 허사가 되는 것은 아니라는 사실도 알게 되니 말이다. 노력이 무계획의 성공 확률과 크기를 키우기 때문이다.

성공으로 가는 과정 속에서 이루어지는 수없이 많은 노력과 그 결과 얻게 된 실패 경험이 축적되어 무계획의 성공 확률을 높이고, 잠재적인 성공의 크기를 키운다. 그러니 성공과 실패라는 결과에 목매지 말고, 과정에 집중하고, 즐길 수 있어야 한다.

잡스처럼 결과가 아닌 과정 자체를 즐기기 위해서는 사회적으로 좀 바뀌어야 하는 점도 있다. 예를 들면, 우리나라의 카메라 감독의 대부분이 전문 지식과 기술을 학교나 아카데미에서 전공으로 배우는 데 반해, 할리우드의 경우 어렸을 때부터 자연스럽게 카메라를 접하고 기능을 습득한다. 어려서부터 카메라를 좋아해 주변 사람과 사물을 찍고 즐기다가 영화계에 들어갔기 때문이다. 어렸을 때 이미 자기 적성과 능력을 찾아 다년간의 경험으로 역량을 축적했기 때문에 학교에서 배운 사람들에 비해 카메라의 속성을 더 잘 이해하고, 더 능숙하게 다룰 수밖에 없다.

이렇게 적성, 능력, 축적에 따라 무계획의 성공 확률과 성공의 크기가 정해진다. 하지만 우리나라의 사회 풍토나 교육 여건에서 자기가 좋아하고 잘하는 일을 찾기란 쉽지 않다. 19살에 페이스북을 개발해 세계적으로 성공한 마크 주커버스 같은 인물이 배출되려면 사회가 좀더 다양해져야 한다. 학생들이 여러 가지 일을 경험할 수 있는 사회적인 기반 위에서 자기 적성과 능력을 찾을 수 있어야 한다. 그렇게 되면 지금보다 더 큰 성공 가능성을 지니게 될 것이다.

여기서 분석한 성공 메커니즘을 기업에 적용한다면 이런 조언이

가능할 것 같다.

첫째, 뜨는 분야나 남들이 이미 선점한 영역이 아닌 좋아하고 잘하는 곳에 집중해야 한다. 둘째, 모든 경험을 소홀히 대하지 말고, 축적해야 한다. 흔히 계획한 일을 실패하면 기업에서는 빨리 잊혀지기를 바란다. 대부분 문책 때문인데, 이런 태도는 현명하지 못하다. 오히려 실패 경험을 통해 더 많은 경험의 축적이 가능하다. 성공이나 실패 경험 모두 무계획의 성공 확률을 높인다는 사실을 깨달아야 한다. 셋째, 기업은 개인과 달리 우연을 예측하고, 대처할 수 있다. 수많은 사람들이 다양한 일을 도모하게 되면 그중 하나가 실현될 가능성은 매우 높아지기 때문이다. 그러니 핵심 사업에만 몰두하지 말고, 여유 자원을 전혀 다른 분야에 투입해서 되도록 기회를 많이 만드는 게 바람직하다.

다시 애플 이야기로 돌아오자. 애플의 성공은 잡스의 적성, 능력, 독창성과 특수한 시대적 상황이 결합되어 이루어졌기에, 우연적 요소가 너무 많다. 그래서 애플에서 공식화된 성공 비법을 배울 수 없다. 다만 성공 자체에 대한 다른 차원의 통찰을 얻을 수 있을 뿐이다.

애플 이전에 많은 기업들이 배우려고 했던 GE는 다년간의 경영 노하우를 정리해서 '법칙'을 창안했다. 반면 잡스는 고집과 임기응변으로 성공했다. '법칙'은 누가 답습하더라도 나름대로 성과를 거둘 수 있어야 한다. 그것을 구사하는 사람의 재능이나 특정 상황에만 적용할 수 있는 것은 법칙이 될 수 없다.

그럼에도 불구하고 애플에서 배울 수 있는 보편성이 전혀 없는 것은 아니다. 이제부터 이것을 선별해낼 때다.

버 스 커 버 스 커   열 풍

"제가 버스커버스커를 초반에 슈스케에서 못 집어낸 것도 사실은 심사위원을 관둔 큰 이유 중 하나에요. 대중의 요구를 못 집어낸 거죠. 어느 정도 대중의 흐름을 아는 사람이 심사위원을 봐야 되잖아요. 그게 컸어요. 올 가요계는 버스커버스커인 것 같아요."

가수 윤종신이 시작 때부터 참여했던 오디션프로그램 〈슈퍼스타 K〉의 심사위원을 그만두게 된 계기가 버스커버스커 열풍 때문이었다고 밝혔다. 심사위원들에게 노래를 못한다고 지적 받았던 버스커버스커가 2012년 상반기 가요계를 점령했기 때문이다.

〈슈퍼스타 K3〉에서 준우승한 버스커버스커가 발표한 1집 앨범의 타이틀곡인 '벚꽃 엔딩'과 '여수 밤바다'는 각종 차트에서 선풍적인 인기를 끌었다. 그 이후 1집 마무리 앨범이 발매되자 음원차트는 1위부터 5위까지 버스커버스커 노래로 점령당했고, 인기 아이돌 가수들의 노래가 그 뒤를 잇는 진풍경을 만들어냈다.

첫 단독 콘서트는 표를 예매하기 시작한 지 1분 만에 매진되었고, 이후 계획한 지방 공연도 흥행에 성공했다. 한동안 거리에서, 카페에서, 음식점에서 버스커버스커의 음악만 흘러나왔다. 그 후 음악평론가는 물론 트렌드에 민감한 광고시장에서조차 버스커버스커에 집중하기 시작했다.

버스커버스커가 주목 받는 이유는 무엇일까. 그들이 기존 가요계의 성공 공식을 모두 깨뜨렸기 때문이다. 과거 '서태지와 아이들'의 등장에 모두 놀랐던 것처럼 버스커버스커의 이례적인 성공은 새로운 혁신으로 평가받고 있다.

첫째, 그들은 통기타를 활용한 서정적인 음악을 선보였다. 기획사에서 육성된 아이돌 가수의 전자음악이 주류를 이루고 있었기에 버스커버스커 음악의 성공은 누구도 예상하지 못한 것이었다. HOT로 시작해 그 이후 많은 아이돌 그룹의 음악이 대중음악으로 대변될 정도로 오랜 시간 음반시장을 주도하고 있었다. 그들의 음악은 현실적인 가사와 말초적인 리듬, 강한 멜로디의 반복으로 쉽게 중독되는 것이 특징이었다.

그러나 버스커버스커는 과거 김광석의 음악처럼 서정적인 가사를 음미하며 감성적으로 빠져들게 했다. 물론 모던 록 같은 사운드로 현대적인 세련미도 갖추었지만, 현재 가요계의 주류 음악과 다른 건 분명하다.

둘째, 4분이 넘는 긴 곡으로 인기를 끌었다. 최근 가요계의 인기곡은 길이가 점점 짧아지고 있는 추세다. 인터넷이나 스마트폰의 영향으로 사람들의 취사선택이 빨라진 것으로 파악된다. 오늘날에는 5분이나 7분짜리의 대곡을 더 이상 들을 수 없게 되었다. 버스커버스커의 음악도 5분이 넘는 대곡은 아니지만 기승전결을 갖춰, 작정하고 인기를 위해 만든 노래보다는 길다.

셋째, 전주가 긴 노래를 만들었다. 요즘 대부분의 가요는 시작하자마자 노래의 하이라이트가 나온다. 커진 벨소리 시장을 겨냥해 처음부터 작곡가들이 곡을 이렇게 만들기 때문이다. 1990년대 초반에 나온 015B의 '아주 오래된 연인들' 같은 노래는 무려 1분 20초가 지나야 가사가 나오는데, 이런 노래는 벨소리 시장에서 성공하기 어렵다.

전화벨이 울리면 사람들은 대부분 10초가 되기 전에 받는다. 그러니 간주를 들려줄 시간이 없다. 10초라는 짧은 시간 안에 클라이맥스를 들려주어야 한다. 기술 환경의 변화가 예술의 형식에 영향을 미친 경우로 볼 수 있다. 그러나 버스커버스커는 과감하게 주류가 아닌 자신들만의 음악 스타일, 기승전결을 두는 드라마틱한 형식을 고수했다.

넷째, 방송 출연보다 공연 위주로 활동했다. 언제부터인가 음반의 소비 기간이 짧아지면서 가수들이 음반을 출시하면 으레 영향력이 큰 지상파 방송의 예능 프로그램에 출연해 홍보를 했다. 그러나 버스커버스커는 케이블방송에 몇 번 나왔을 뿐, 방송보다는 공연 위주로 활동하면서 인기를 끌었다.

쉽게 말하면 버스커버스커는 기존 가요계의 천편일률적인 음악에 식상한 소비자에게 색다른 밥상을 차려준 것이다. 표현하지 않아도 사람들은 기존 음악에 지쳐 있었다. 그래서 〈슈퍼스타 K3〉에서 심사위원들에게는 혹평을 받았지만, 시청자들한테는 지지를 받은 게 아닐까. 기존 가요계의 성공 법칙에 갇힌 심사위원들은 대중이 어떤 것에 목말라하고 있는지 전혀 파악하지 못하고 있었던 것이다. 윤종신은 바로 이 점을 괴로워한 것 같다. 심사위원이기 전에 현역 가수로 활동하고 있기에 그 좌절감은 더 컸을 것이다.

그러면 버스커버스커는 이런 가요계의 흐름과 대중의 잠재적인 욕구를 정확히 읽고 혁신적인 음악을 만든 것일까. 물론 대답은 '아니오'다. 그들은 그저 자신들이 좋아하는 음악을 계속 해왔고, 어색한 방송 출연보다는 잘하는 공연을 한 것뿐이다. 그리고 애플이 그랬던 것처럼, 김기덕 감독이 그랬던 것처럼, 안철수 교수가 그랬던 것처럼, 시대가 그들을 발견했을 뿐이다.

아마 버스커버스커가 몇 년 전에 나왔더라면 지금처럼 인기를 끌지 못했을 것이다. 그 증거로 그들의 음악이 모두 무명 시절 천안에서 거리공연을 할 때 만들어진 곡이라는 것을 들 수 있다. 그때는 왜 지금처럼 성공하지 못했을까. 자고 일어나면 우후죽순 생겨나는 아이돌 그룹의 음악에 염증을 느낀 사람들에게 지금 이 시점, 가요계의 결핍을 채워주는 존재로 버스커버스커의 음악이 선택된 것이기 때문이다.

애플이나 버스커버스커를 보면, 기존 질서의 판도를 바꾸는 혁신은 내부가 아닌 외부에서 만들어진다는 것을 깨닫게 된다. 질서가 형성되면 사람들은 처음에 안도감을 느낀다. 그리고 그 안에서 안주한다. 하지만 시간이 지나면 점차 결핍을 느끼게 된다. 그 결핍을 채워주는 것은 새로운 혁신이며, 이는 결코 기존 질서 내부에서 만들어지지 않는다. 물론 밖에 있는 혁신가가 그 결핍을 채우기 위해 계획하는 것도 아니다. 자기가 잘하는 일을 하다가 우연히 그 결핍과 만날 뿐이다. 그래서 새로운 혁신은 대부분 우연에 의해 이루어진다고 볼 수 있다.

버스커버스커는 1집의 마무리 앨범을 공개한 후 활동을 중단했다. 인기가 정점에 오른 상황에서 휴식기를 갖기로 한 것이다. 주변에서는 그들의 휴지를 우려하는 목소리가 높았다. 또 일각에서는 팬층을 넓히는 다양한 활동을 권하거나, 더 나아가 일본 진출을 해보라고 조언하던 터였다. 하지만 리더 장범준은 한 인터뷰에서 향후 계획에 대해 이렇게 털어놓았다.

"별 다른 계획은 없어요. 일단은 음악이나 모든 것을 떠나 셋이 함께 여행을 가려고 합니다. 앞으로의 계획은 그 다음에 생각하고 싶어요. 우리는 아직 더 많은 교감과 커뮤니케이션이 필요한 밴드거든요."

Chapter 2.

열등감을 창조력으로 승화시킨 반항아 정신

애플은 독특한 회사다. 잡스의 개성에 의해 운영되었기 때문에 그렇다. 그래서 애플을 그대로 따라 한다고 해도 결코 애플이 될 수 없다. 그 이유는 잡스가 우리나라에서 태어났다면 어땠을까를 상상해 보면 쉽게 답이 나온다.

그럼에도 불구하고 애플의 운영 방식에도 보편성이 존재한다. 하지만 애플의 보편성을 찾아내기란 여간 어려운 게 아니다. 애플 방식 자체가 어디에나 적용할 수 있는 그야말로 '보편적 법칙'이라면 좋겠지만 이미 그 자리를 너무 크게 잡고 있는 특수성 사이에 숨죽이며 숨어 있기 때문이다. 앞으로 2, 3, 4장에서는 애플에서 배울 수 있는 점을 찾아내볼까 한다.

한 사람에게는 꽤 억울할 이야기부터 시작해보자.

왜 빌 게이츠보다 스티브 잡스에 열광할까

2001년에 개봉된 〈패스워드〉라는 영화가 있다. 스탠퍼드대학의 컴퓨터 천재인 주인공이, 친구들 사이에서 '타사 제품을 베껴서 팔아먹는' 회사로 욕먹는, 거대 소프트웨어 기업에 들어간다. 어느 날 획기적인 기술을 개발한 친구가 살해되고, 이 죽음을 파헤치면서 자기가 일하는 회사의 사장이 범인으로 지목된다. 사장은 정보통신 업계를 장악하고자 범죄를 저질러서 유망한 기술들을 훔쳐내고 있었던 것이다.

그 악덕 기업가의 스타일은 마이크로소프트를 이끄는 빌 게이츠와 매우 비슷하다. 안경부터 헤어스타일, 옷차림, 말투 등 영화를 본 사람이라면 자연스럽게 게이츠를 떠올리게 된다. 영화의 후반부에 들어서면 이 기업가는 점점 추악한 악당으로 그려진다. 영화감독이 빌 게이츠를 아주 싫어하는 사람일 수도 있지만, 이런 인식이 미국의 젊은이들 사이에 공공연하게 퍼져 있기 때문이라고도 볼 수 있다.

오랫동안 빌 게이츠는 전 세계를 윈도우 안에 가두려는 악덕 기업가로 각인되어왔다. 윈도우의 독점적 지위를 이용해 마이크로소프트의 다른 프로그램 사용을 강요하고, 종국에는 컴퓨터 업계를 장악하려는 야욕을 가지고 있다는 이유에서다. 이 영화의 원제는 심지어 반독점Antitrust이다.

세계에서 가장 많은 돈을 기부하고 있음에도 불구하고, 빌 게이츠를 노골적으로 비꼬는 사람들이 아직도 많다. 그는 얼마나 억울할까.

잡스는 정반대다. 소비자에게 애플 제품을 강요하고 시장을 지배하려는 것은 게이츠와 다를 바 없다. 더욱이 그는 평생 좋은 일을 하는 것에는 관심도 없었다. 자선사업은 능력 없는 기업가나 하는 일이라고 폄훼할 정도였다. 하지만 많은 사람들에게 사랑을 받았다.

잡스가 게이츠와 대비되어 젊은이들에게 얼마나 사랑 받았는지 알 수 있는 일화가 있다. 2005년 6월, 잡스는 스탠퍼드대학 졸업식에 초청되어 연설을 했다. 그는 대학을 중퇴하고 재미로 청강한 서체 과목이 나중에 소중한 경험이 된 이야기를 하고 있었다.

"서체 수업이 제 인생에 실제로 어떤 도움이 될지는 상상도 못했습니다. 그러나 10년 후, 우리가 매킨토시를 처음 구상할 때 그 경험들이 떠올랐죠. 우리는 맥 안에 이 모든 것을 집어넣었습니다. 맥은 아름다운 활자체를 지원하는 첫 번째 컴퓨터가 되었죠. 만약 제가 그 서체 수업을 듣지 않았더라면, 맥은 여러 가지 다양한 폰트나 자동 자간 기능을 지원하지 못했을 겁니다. 맥을 따라한 윈도우도 그런 기능이 없었을 테고, 어쩌면 PC가 그런 서체를 갖지 못했을 것입니다."

이 말이 나오자마자 졸업생들은 갑자기 환호를 했고, 그 바람에 잡스는 연설을 잠시 중단할 수밖에 없었다. 학생들은 잡스를 애정 어린 시선으로 바라보며 박수를 쳤다. 그리고 PC 업계를 장악하고 있는 마이크로소프트를 '남의 것을 베껴서 팔아먹는' 회사로 묘사하자 학생들이 동조하며 환호했다.

이 장면은 잡스와 게이츠에 대한 미국 젊은이들의 태도를 함축적으로 보여준다고 할 수 있다. 동시에 애플과 마이크로소프트에 대한 인식을 나타내기도 한다. 젊은이들은 마이크로소프트의 독재를 싫어했고, 애플을 그 독재에 저항하는 반항아이자 자신들의 대변자로 인식하고 열광했던 것이다. 애플은 시장점유율은 보잘것없지만 마이크로소프트의 압력에 굴하지 않는 기업으로 자리매김해왔다.

잡스와 애플은 반항아, 아웃사이더, 도전자의 길을 걸어왔다. 그리고 그로 인해 마니아들의 사랑을 받게 되었다.

반항아가 사랑 받는 이유

사람들은 심리적으로 1등을 부러워는 하지만 좋아하지는 않는다. 오히려 괴팍하고, 독특한 사람, 나와 다른 사람에게 끌리기 마련이다. 좀 느닷없기는 하지만, 이와 관련된 고대의 에피소드 하나를 소개한다.

그리스의 아테네에는 도편추방제가 있었다. 아테네에서 추방하고 싶은 사람을 도자기 파편에 써서 투표하고, 민회의 과반수 이상의 득표로 지목된 사람은 10년 동안 국외로 추방된다. 이는 독재정치를 방지하기 위해 만든 제도였다. 하지만 대중에 의해 전혀 엉뚱한 인물이 추방되기도 하는 웃지 못 할 일이 벌어지기도 했다.

도편추방 투표장에서 정치가이자 장군인 아리스티데스에게 한 사내가 말을 걸었다. 그는 시골 출신으로 상대가 아리스티데스인지 몰랐다. 그는 아리스티데스에게 도편을 내밀면서 이렇게 말했다.

"미안하지만 여기에 아리스티데스라고 써주시지 않겠습니까? 저는 글을 쓸 줄 몰라서요."

그러자 아리스티데스는 그가 무슨 잘못을 저질렀느냐고 물었다. 그러자 사내는 고개를 저으면서 대답했다.

"잘못이라니요. 나는 그 사람을 본 적도 없는데요. 다만, 도처에서 아리스티데스는 위대한 인물이라느니, 공정하다느니 하는 말을 하도 많이 하니까 진저리가 나서요."

아리스티데스는 웃으면서 자기 이름을 써주었다. 그리고 그해 아테네에서 추방되었다.

자신의 저서인 《영웅전》에서 아리스티데스를 다룬 그리스의 철학자 플루타르코스는 도편추방제에 대해 이렇게 표현했다.

"도편추방제는 벌이 아니다. 그건 뛰어난 사람을 굴욕스럽게 만들어 기뻐하고, 질투심을 달래며, 공민권참정권 박탈로 악의를 분출시키는 한 방법에 불과하다."

예나 지금이나 1등을 싫어하는 대중의 심리는 변하지 않는 것 같다. 이런 심리는 질투심에서 비롯된다. 같은 심정으로 1등에 맞서는 사람을 응원하게 된다. 그래서 부러워할 수 없을 만큼 독특한 자기만의 길을 가는 아웃사이더에 열광하고, 거인에 도전하는 반항아에게 지지를 보낸다. 이런 군중심리를 이용해서 분야 최고를 비판하면서 인기를 얻는 사람들도 있다.

이런 관점에서 소비자도 두 부류로 나눌 수 있다. 1등 기업의 제품을 사고 싶어 하는 사람과 사기 싫어하는 사람 들이다. 두 번째 부류에 속하는 사람들을 사로잡는 기업은 항상 선두업체와 싸우고, 그들과 대비되는 모습을 보여준다. 애플이 그랬다. 1등이 쓰러지면 애플은 다시 싸울 거인을 물색했다. 이런 애플에게 소비자들은 뜨거운 사랑을 보냈다.

애플이 제일 처음으로 찾아낸 거인은 IBM이었다.

PC시장을 창조한 애플, 업계의 반항아가 되다

애플 설립 초기에 IBM은 컴퓨터 업계를 장악하고 있었지만 기업이 주요 타깃이었다. 시장이 다르다 보니 애플과 직접 경쟁할 일은 없었다. 하지만 애플 II의 판매가 급속히 늘어나 개인용 컴퓨터 시장이 커지자, IBM이 관심을 보이기 시작했다. 그리고 1981년 여름, IBM은 우월한 자본과 기술력을 바탕으로 개발한 PC를 내놓았다. 잡스는 그에 대해 IBM의 PC가 품질이 낮고, 사용하기 불편하다며 무시했다.

하지만 당시 컴퓨터 업계를 좌지우지하던 IBM은 표준화를 시도하며 다른 컴퓨터 회사들을 끌어들였다. 품질이 낮은 초기 제품이었지만 여러 회사 기술자들이 달려들어 연구하자 점점 발전되었다. 그야말로 PC의 혁명이었다. 더구나 IBM PC와 호환되는 소프트웨어들까지 다양하게 개발되면서 더 유용해졌다. 이 점이 소비자들에게 매력적으로 다가갔고, 매출로 연결되었다. 애플은 IBM에 맞서 대응했지만 병사 몇 명이 대군을 맞아 싸우는 격이었다. 개인용 컴퓨터 시장은 빠르게 IBM 계열로 넘어갔고, 시장을 창조한 애플은 졸지에 약소기업으로 전락해버렸다.

거대기업으로 몸집을 불린 IBM은 개인용 컴퓨터 시장에서도 지배자가 되었다. IBM이 개인용 컴퓨터 업계의 룰을 제시했고, 다른 업체들은 이를 따랐다. 더 이상 애플은 IBM을 무시할 수 없게 되었다. 그럼에도 불구하고 애플은 IBM이 제시하는 길을 가지 않기로 결정했다. 싸움이 시작된 것이다.

1984년, 매킨토시를 출시할 때 슈퍼볼 경기에서 선보인 광고는 애플의 이런 압박감을 은유적으로 표현한 것이다. 슈퍼볼에 광고가 나간 지 이틀 후 잡스는 애플의 주주총회에서 매킨토시를 발표했다. 행사 내내 비장한 분위기가 나도록 무대를 연출했다. 잡스는 IBM에 대한 이야기로 연설을 시작했다.

"1958년 IBM은 제로그래피라는 신기술을 개발한 유망한 기업을 인수할 기회를 놓쳤습니다. 2년 뒤 제록스가 탄생합니다. IBM은 지금까지도 그 일을 후회하고 있습니다."

IBM이 저지른 실수를 몇 개 더 언급한 후에 본론으로 들어갔다.

"1984년 현재, IBM은 모든 걸 독차지하려는 듯 보입니다. 애플은 이런 IBM과 맞서 경쟁할 수 있는 유일한 기업으로 여겨지고 있습니다. 판매업자들은 처음에 IBM을 두 팔 벌려 환영했습니다. 하지만 지금은 IBM이 미래를 지배하고 통제할까봐 두려움을 느끼고, 애플로 돌아서고 있습니다. 그들의 미래를 자유롭게 해줄 유일한 기업은 애플뿐이기 때문입니다.

또 업계를 장악하는 데 마지막 걸림돌인 애플을 향해 총부리를 겨누고 있습니다. 과연 빅 블루가 컴퓨터 업계 전체를 장악하게 될까요? 현대의 정보 시대를 말입니다. 조지 오웰의 예견이 옳았던 걸까요?"

잡스의 말이 끝나는 순간 강당의 스크린에 '1984' 광고가 상영되었다. 텔레비전으로 보는 것보다 훨씬 감동적이었고, 메시지도 명확했다. 광고가 끝나자 사람들은 박수갈채와 환호를 보냈다.

결과를 어느 정도까지 예상했는지 모르겠지만, 애플의 이런 전략은 매우 영리한 시도였다. 애플은 시장의 리더와 벌이는 힘겨운 싸움을 빅 브라더라는 독재자와 겨루는 정의로운 투쟁으로 탈바꿈시켰으니까. 거대기업과 힘겹게 경쟁하는 무명의 약소기업이 아니라 도전적인 반항아가 된 것이다. 그 이후 애플은 스스로를 독재 세력에 맞서는 반항아로 온전히 자리매김했다.

이런 반항아 전략은 또 다른 효과를 거두기도 했다. 이미 IBM 호환 PC를 생산하는 업체들 중에는 애플보다 규모가 큰 기업이 많았다. 엄밀히 말하면 개인용 컴퓨터 시장의 2등 기업들이었다. 그런데 독재자 IBM에 저항하는 이미지가 애플에게 만들어지자, 개인용 컴퓨터 업계는 양자 구도로 좁혀졌다. 애플이 반항아들의 리더가 되니 규모 면에서는 훨씬 큰 업체들은 소수 세력으로 전락해버린 것이다.

이게 바로 시장점유율이 5퍼센트에도 못 미치는 애플이 오랫동안
업계에서 큰 영향력을 유지한 비결이다.

애플 vs 마이크로소프트, 악당과의 싸움

골리앗과 싸우는 반항아라고 해서, 양자 구도가 만들어졌다고 해
서 그토록 오랫동안 사랑 받지는 못한다. 이에 대해서 조금 더 자세
한 설명이 필요하다.

대부분의 사람들은 질투심으로 1등을 좋아하지 않아도 신뢰성을
포기 못해 선두기업의 제품을 구매한다. 선두기업을 욕하지만 그들
의 제품을 쓰는 사람이 많은 건 이 때문이다. 반면 1등을 싫어하기
때문에 그 기업의 제품까지 사고 싶어 하지 않는 사람들이 있다. 이
들은 반항아적 기질이 좀더 많은 부류로, 지배받는 느낌을 매우 싫
어한다. 선두기업의 품질이 우수한 제품을 어쩔 수 없이 구매하는
것은 자유를 박탈당하는 것이라고 느낀다. 그들은 특별함과 자유로
운 선택권을 원한다.

그런 점에서 애플은 충분히 특별했다. IBM을 비롯한 주류 기업들
과는 전혀 다른 스타일의 제품을 만들어냈기 때문이다. 시장점유율

이 낮은 것도 이런 반항아 기질의 소비자에게는 오히려 매력적인 요소였다. 유행이나 주변의 압력에 의한 것이 아닌 오로지 자신이 선택한 제품이었기 때문이다. 쉽게 말해 애플은 아웃사이더였으므로, 소수이지만 열광하는 소비자, 즉 마니아가 생기게 되었다.

이런 마니아는 지금의 애플이 있기까지 줄곧 중요한 역할을 해왔다. 출시된 제품마다 열광했고, 새로운 제품이 출시되기 전까지 확실히 기다려주었기 때문에 애플은 이들을 믿고 과감한 혁신을 할 수 있었다. 아이폰처럼 전혀 새로운 시장에 진입해도 마니아들의 구매가 티핑 포인트가 되었다. 손익분기점을 넘길 수 있도록 상당수의 마니아들이 초기에 구매를 해주었고, 그들의 뜨거운 반응이 입소문을 타면서 일반 소비자들에게까지 갖고 싶다는 욕구가 생기게 만든 것이다.

이렇게 애플이 마니아들이 열광하는 독특함을 유지할 수 있었던 것은 아마 마이크로소프트와 대비되는 길을 걸어왔기 때문일 것이다.

애플과 마이크로소프트의 사업방식은 양 극단에 자리하고 있다.

이 이야기를 재미있게 하기 위해, 컴퓨터 업계의 공공연한 사실을 곱씹어볼까 한다.

컴퓨터에 정통한 사람일수록 마이크로소프트의 제품은 썩 좋은 게 아니라고 말한다. 그들의 운영체제는 느려 터졌고, 에러가 많으며, 사용하기에도 불편하다는 것이다. 애플 마니아들이야 당연하겠지만 두 제품을 모두 사용해본 사람들도 맥이 윈도우를 장착한 PC보다 훨씬 잘 돌아간다고 평가한다. 또 맥은 인터넷도 빠르고, 바이러스도 없었다. 이런 대중들의 반응과 평가를 잘 알고 있었던 잡스는 마이크로소프트를 무시하는 말을 자주 했다.

"마이크로소프트의 유일한 문제는 미적 감각이 없다는 겁니다. 전혀 없어요. 사소한 의미에서가 아니라 중요한 의미에서 그렇다는 말입니다. 독창적인 아이디어를 생각해내지도 못하고 제품에 문화적인 요소를 가미하지도 못하니까요. 그래서 저는 슬프네요. 마이크로소프트의 성공 때문이 아닙니다. 어쨌든 노력으로 얻은 결과니까요. 제가 문제 삼는 것은 그저 그들이 삼류 제품만 만든다는 사실입니다."

그래서 컴퓨터 업계에서는 품질이 우수하고, 혁신적인 제품이 항상 시장에서 승리하지 않고 질 나쁜 제품도 1등이 된다는 근거로 마이크로소프트를 거론한다. 그러나 나는 좀 다르게 생각한다.

애플과 마이크로소프트의 방식이 반대가 된 것은 태생적 차이 때문이다. 애플은 개인용 컴퓨터 시장을 개척했다. 초기 PC시장에 제품을 내놓기 위해서는 스스로 모든 것을 만들어야 했다. 물론 잡스의 통제욕이 더해져서 그렇겠지만, 애플은 자체 제작한 하드웨어와 소프트웨어, 콘텐츠를 하나의 패키지로 통합해서 판매했다.

이에 반해 마이크로소프트는 컴퓨터 회사에 필요한 소프트웨어를 개발해주는 일로 사업을 시작했다. 마이크로소프트가 도약하게 된 계기는 IBM에 운영체제를 공급하면서부터다. 운 좋게도 표준화를 시도한 IBM의 호환 PC는 모두 마이크로소프트의 운영체제를 장착해야 했다. 마이크로소프트는 본의 아니게 수많은 업체들에게 운영체제 소프트웨어를 판매하게 된 것이다. 그러다 보니 개발의 초점을 소비자가 아닌 제조업체에 맞춰야만 했다.

요컨대 애플은 애초부터 소비자만을 위해 개발했기 때문에 맥은 처음부터 완벽한 제품이 될 수밖에 없었다. 애플이 오랫동안 인텔 칩을 쓰지 않고, 파워 PC 칩을 쓴 이유도 맥에 최적화된 부품을 사용하기 위함이었다.

반면 수많은 제조업체의 사정을 모두 반영할 수 없는 한계를 가진 윈도우는 불완전한 형태로 출발할 수밖에 없었다. 그래서 소비자들이 컴퓨터를 사용하면서 발생한 에러를 신고하면 고치는 과정을 수없이 거쳐야 했다. 또 필요한 기능만 장착한 애플의 맥은 속도가 빨랐다. 하지만 최적화되지 않은 상태로, 불특정 다수를 겨냥하는 마이크로소프트는 가능한 모든 기능을 다 넣어야 하기 때문에 느릴 수밖에 없었다. PC 업체마다 사용자 환경이나 소비자 특성이 다른데 이들에게 필요한 제각각의 프로그램만 탑재시킬 수는 없기 때문에 소프트웨어가 무거워지는 것이다.

즉, 애플은 소비자를 정확히 분석하고 그들에 맞게 제품을 개발하는데, 마이크로소프트는 전체 업계를 염두에 두고 사업모델을 구상하고 제품을 만든다는 차이점이 있다. 애플도 소프트웨어를 라이선스로 팔면 여러 업체의 하드웨어에 맞춰야 하기 때문에, 윈도우처럼 변하게 될 것이다. 애플 제품이 빠르게 오류 없이 잘 운용되는 것은 실력이 아니라 사업방식 때문이 아닐까.

문제는 마이크로소프트의 성공으로 인해 컴퓨터 업계가 오히려 하향 평준화되었다는 점이다. 능력 없는 회사들도 PC를 생산할 수 있어, 싸고 조악한 제품들이 쏟아져 나왔다.

이런 연계 작용을 이미 잘 파악하고 있던 소비자 중에 애플 마니아가 생길 수밖에 없었고, 이들은 윈도우를 얕보게 된 것이다. 그리고 동시에 이들은 마이크로소프트를 비난했다. 질 나쁜 하드웨어에 자신들의 소프트웨어를 끼워 넣어 소비자가 울며 겨자 먹기로 살 수밖에 없게 만든 마이크로소프트를 돈만 긁어모으는 악당이라고 생각했다.

스티브 잡스와 빌 게이츠

애플 마니아들의 혐오감이 얼마나 큰지를 단적으로 보여준 일이 있었다. 잡스가 애플에 복귀하고 어쩔 수 없이 마이크로소프트와 손잡았다는 내용은 앞서 다루었다. 1997년 8월, 보스턴에서 열린 맥월드에서 잡스는 이를 발표했다.

"애플은 생태계 안에 살고 있습니다. 다른 파트너들의 도움이 필요하다는 의미입니다. 애플의 새로운 파트너 중 하나를 오늘 여러분에게 발표하겠습니다. 저희는 마이크로소프트와 협력하기로 했습니다."

마이크로소프트와 애플의 로고가 화면에 나란히 뜨자 사람들은 믿을 수 없다는 표정을 지었다. 여기저기서 탄식이 흘러나왔다. 위성을 통해 비춰지는 강당 전체를 내려다보는 대형 스크린에 빌 게이츠의 얼굴이 나타나자, 사람들은 야유를 보냈다. 빌 게이츠는 마치 매킨토시의 '1984' 광고에 나왔던 빅 브라더를 연상하게 했다. 이제 애플마저 악당에게 굴복하고 말았다는 자조 섞인 목소리들이 여기저기서 터져 나왔다. 마니아들에게 마이크로소프트와의 협력은 그동안 지켜온 유일함과 독특함을 애플 스스로 포기하는 것으로 여겨졌다. 이는 기우에 불과했지만, 애플을 사랑하는 마니아들은 마이크로소프트에 저항하며 끝까지 싸우길 바랐던 것이다.

마이크로소프트와 전략적으로 제휴를 맺긴 했지만 다른 업체들처럼 예속된 것은 아니었다. 오히려 잡스는 여전히 마이크로소프트와 경쟁하고 있으며, 저항하는 회사라는 이미지를 확대, 재생산했다. 이는 잡스가 마니아들의 기대를 잘 파악하고 있었기 때문이었다. 그 대표적인 사례가 바로 마이크로소프트와의 경쟁에서 가장 유명한 '맥 vs PC' 논쟁에서다.

맥 vs PC, 구태의연한 늙은이의 타도

애플은 2006년부터 2009년까지 '맥 vs PC'로 알려진 '맥을 삽시다'라는 캐치프레이즈를 내걸고 광고를 내보냈다. 맥은 멋지고, 우아하며, 사용하기 쉽고, 즐겁고, 첨단인데 반해, PC는 늙고, 조잡하며, 복잡하고, 짜증나고, 고리타분하다는 내용이다.

광고는 "안녕, 나는 맥이야"라고 날씬하고 매력적인 사람이 말하면, 뚱뚱하고 촌스러운 사람이 "나는 PC야"라고 말하며 시작한다. 맥을 의인화한 사람은 저스틴 롱이라는 배우로 청바지에 젊은 옷차림을 하고 나온다. 마이크로소프트의 PC를 상징하는 인물은 존 호지먼이라는 코미디언으로 항상 한물간 양복을 입고 등장한다. 수십 개의 광고가 만들어졌는데, 모두 맥이 PC를 물리치거나 조롱하는 내용이다.

가령 이런 식이다.

PC는 책상에 앉아 돈을 나누고 있다. 왼쪽에는 돈이 산더미처럼 쌓여 있고 오른쪽은 몇 다발 없다. "광고! 광고! 광고! 비스타 고치기! 광고! 광고! 광고! 비스타 고치기!" 맥이 "PC, 뭐하고 있어?"라고 말하자, PC는 "너도 알지? 지금 비스타가 문제가 있어서 PC 사용자들이 불편해하고 있잖아. 이 문제를 해결하려고 예산을 배정 중이야." 맥이 의아해하며 다시 질문한다. "그럼 저기 쌓여 있는 게 광고로 쓸 돈이고, 이게 비스타를 고치는 데 쓸 거야?" 그러자 PC는 뭔가 잘못됐다는 맥의 표정을 보고 "그래. 네가 맞아!"라며 비스타를 고치는 데 배정한 돈마저 광고 예산 쪽으로 옮겨 놓는다.

이 광고는 윈도우 비스타가 출시된 후 에러가 많아 사용하기 불편하다고 호소하던 많은 소비자들이 불만을 제기했을 때 나온 것이다. 이 광고는 마이크로소프트가 비스타를 개선하는 것보다 광고로 소비자들의 입을 막으려고 한다는 비아냥을 담고 있다.

'맥 vs PC' 광고는 다양한 소재로 서너 개씩 제작되어 몇 달마다 교체되었다. 내용이 워낙 위트 있고, 재미있어 광고상도 수상할 정도였고, 단연 소비자들에게도 큰 인기를 끌었다. 애플의 도발에도 마이크로소프트에서는 아무 대응도 하지 않았다. 하지만 자사를 깎

맥 vs PC 광고

아내리는 광고를 애플이 계속 생산, 배포하자 결국 '나는 PC입니다'라는 광고를 제작해 맞섰다.

마이크로소프트에서 제작한 광고 내용은 우리 주변의 보통 사람들을 등장시켜 PC를 잘 쓰고 있다는 것이었다. 이 광고는 애플이 PC를 쓰는 소비자를 바보로 그리고 있지만, 우리 주변의 많은 사람들은 PC를 애용하고 있다는 메시지를 비유적으로 표현하고 있었다.

얼마 후 결국 두 회사의 광고를 통한 대립은 막을 내렸지만, 애플은 여기서 다시 한 번 반항아가 가질 수 있는 장점을 뽑냈다.

반항아라는 이미지는 젊다는 의미를 내포하고 있다. 애플은 반항아이자 혁명가로 소비자들에게 이미 각인되어 있었다. 잡스는 이런 점을 상징적으로 광고에서 표현했다. '맥 vs PC' 광고에서 맥은 젊은이로, PC는 기성세대로 대립각을 세운 것이다. 대부분 젊었을 때 반항아나 아웃사이더를 자처하고 어려운 일에도 도전을 한다. 그리고 이런 사람들이 혁신을 주도한다. 애플은 지금까지 스스로를 반항아로 규정짓고, 도전하는 기업이었기에 늙지 않고 젊음을 유지할 수 있었던 것 같다.

물론 노인에게도 장점이 있다. 많은 경험과 그로 인해 얻은 현명함, 통찰력, 여유, 신중함 등이 그들의 힘이다. 하지만 빠른 변화에 대한 두려움과 아집, 편견 등은 약점이다. 나이 든 사람의 의사결정이 느린 것은 경험이 많아서, 검토할 사항들이 더 많이 떠오르기 때문이다. 이처럼 노인의 장단점은 동전의 양면처럼 득이 되기도 하고 실이 되기도 한다.

기업도 성장하면서 노화를 겪는다. 의사결정이 느려지는 것은 규모가 커진 만큼 고려해야 할 변수들이 많아지기 때문인지 모른다. 수많은 제조업체에 라이선스를 제공하는 거대기업 마이크로소프트야 오죽하겠는가.

다행스럽게도 애플은 줄곧 업계에서 젊은 반항아 역할을 자처했기 때문에 이런 위험에서 벗어날 수 있었다.

아웃사이더에서 주류로

반항아의 특징이 잘 나타난 것으로, 잡스가 애플에 복귀한 후 제작해서 지금까지 활용하고 있는 광고를 들 수 있다. 잡스가 떠나 있는 동안 혁신적인 제품을 내놓지 못했던 애플의 이미지를 쇄신하기 위해 생각해낸 문구가 '다른 것을 생각하라Think Different'를 활용해 만든 것이었다. 광고에는 마하트마 간디를 비롯해, 알베르트 아인슈

타인, 파블로 피카소, 토마스 에디슨, 무하마드 알리, 존 레논, 밥 딜런, 찰리 채플린, 마틴 루서 킹, 마리아 칼라스, 앨프리드 히치콕 등 세상을 바꾼 사람들의 사진과 함께 다음과 같은 문구가 나온다.

미쳤다는 말을 들은 사람들이 있습니다. 그들은 부적응자였고, 반항아였으며, 사고뭉치였습니다. 네모난 구멍에 둥근 말뚝 같은 이들, 그들은 세상을 다르게 보는 사람들이었습니다. 그들은 규칙을 싫어합니다. 현실에 안주하는 것을 원치 않습니다. 당신은 그들의 말을 인용할 수도 있고, 그들의 생각에 동의하지 않을 수도 있으며, 그들을 찬양하거나 비난할 수도 있습니다. 하지만 당신이 할 수 없는 딱 하나는 그들을 무시하는 것입니다. 왜냐하면 그들이 세상을 바꿔놓기 때문입니다. 그들은 인류를 앞으로 나아가게 합니다. 어떤 이들은 그들을 미치광이로 보지만, 우리는 그들을 천재로 봅니다. 세상을 바꿀 수 있다고 믿을 만큼 미친 사람들이야말로, 진정 세상을 바꾸기 때문입니다.

이 광고는 반항아나 아웃사이더가 결국 세상을 바꾼다는 메시지를 담고 있다. 그러나 현실에서 아웃사이더는 틈새의 왕일뿐이며, 자신의 공간에서만 활동하는 사람들이다. 그런데 이 광고는 아웃사이더들이 결국 세상을 바꾸는 주류가 된다는 내용을 역설하고 있었다. 잡스는 광고를 통해 평범한 사람과 생각이 다른 사람들이 애플 제품을 쓴다는 말을 하고 싶었을 것이다. 공교롭게도 애플은 그 후 10년 동안 광고가 마치 예언인 것처럼 반항아에서 주류가 되었다.

비즈니스에서 반항아나 아웃사이더가 주류가 되는 경우는 두 가지로 그 유형에 따라 경로가 각각 다르다.

우선 하위 틈새시장을 공략하는 반항아가 있다. 이들은 주로 가격에 민감한 소비자를 상대한다. 제품의 품질은 떨어지지만 싼 가격에 공급한다. 우리가 쉽게 이해할 수 있는 사례로, 미국 자동차 시장에서 성공한 현대자동차의 전략을 들 수 있다. 현대자동차는 미국이나 유럽, 또는 일본차에 비해 품질은 떨어지지만 싼 가격으로 하위 틈새시장을 파고들기 시작했다.

이렇게 시장에서 입지를 조금씩 다져가는 기업은 기술 환경이 바뀌면 주류가 되기도 한다. 기술이 계속 발전하면 주류 기업 제품의 성능은 소비자들이 원하는 수준을 훨씬 넘어서게 되고, 고가로 판매되기 마련이다. 꾸준히 기술을 개발해온 틈새기업의 제품 역시 소비자의 요구 수준을 맞출 수 있게 된다. 이때 가격경쟁력이 있는 틈새기업이 시장의 우위를 차지하게 된다. 자동차 산업의 기술 발달로 현대자동차의 품질도 좋아져서 미국 소비자들이 만족하게 되는 것과 마찬가지다. 그러면 굳이 비싼 차를 사지 않고, 성능이 우수하고 가격도 저렴한 현대자동차를 사게 되는 것이다. 컴퓨터 업계에서 이런 방식으로 주류가 된 기업은 델이다.

둘째, 상위 틈새시장을 공략하는 반항아가 있다. 이들은 고급스럽지만 가격이 너무 비싸서 다수의 소비자들이 외면한다. 주로 마니아나 돈 많은 소수의 소비자가 대상이다. 매출은 크지 않지만 수익률은 꽤 높다. 이런 반항아 기업은 하위 틈새시장을 공략하는 기업보다 주류가 되기 어렵다.

그러나 간혹 구매력이 높아진 소비자들이 기존 제품에 식상함을 느껴 전혀 새로운 욕구를 추구할 때도 있다. 이때 마니아 기업은 도약할 기회를 얻는다. 마니아 기업은 기술을 넘어서 전혀 새로운 가치를 제공할 수 있기 때문이다. 이는 애플의 컴퓨터가 몇 년 전부터 도약하는 이유이기도 하다.

현재 대부분 컴퓨터의 기술 수준은 비슷하다. 그러다 보니 델 같은 하위 시장을 공략한 기업이 시장을 장악하게 되었다. 하지만 구매력이 있는 소비자들은, 누구나 가질 수 있는 컴퓨터가 아닌 독특하고 새로운 가치를 주는 컴퓨터를 찾게 되었다. 그리고 이런 분위기가 확산되면서 소수 마니아들의 전유물로 여겨졌던 고급스러운 가치를 대중들도 원하게 된 것이다. 그 결과 유니크하고, 고급스러운, 유일함의 가치를 고수해오던 맥의 미국 시장점유율이 늘어나고 있다.

아이폰 역시 비슷한 현상 속에서 성공을 이루었다. 소비자들은 필요하지도 않은 휴대폰의 기술 경쟁에 더 이상 매력을 느끼지 못하고 있었다. 이때 전혀 새로운 욕구, 즉 휴대용 놀이기기라는 가치를 제시한 아이폰에 사람들은 열광했다. 그동안 통화 품질을 비롯해 높은 화소의 카메라 등 기본적인 기능을 모두 갖추고도 계속 같은 분야의 고퀄리티 기술 개발에 열을 올리던 휴대폰 시장에 새로운 욕구가 출현한 것이다. 그리고 그런 욕구를 충분히 충족시킬 수 있는 기업이 애플이었기에 주류가 될 수 있었다. 그러나 시간이 지나면 뒤따르던 기업들도 비슷한 제품을 내놓을 수 있기 때문에 주류 자리를 오랫동안 유지하기는 힘들다.

이 내용은 2장 뒤에 이론적인 근거를 곁들여 설명해놓았다.

. . .

"항상 배고프고, 항상 어리석어라Stay hungry, Stay foolish."
잡스의 스탠퍼드대학 연설은 이렇게 끝난다.
'배고파라'라는 말은 알겠는데, 항상 '어리석어라'라는 말은 이해가 되지 않는다는 사람들이 많다. 잡스가 은유적으로 표현한 것이라 쉽게 이해하지 못하는 것은 당연한 것 같다.

항상 배고파야 한다는 것은 이미 배가 부를 정도로 만족하더라도 헝그리 정신을 되새기며 안주하지 말라는 뜻이다. 항상 열심히 하라는 말인데, 우리가 줄곧 이렇게 살아왔다. 우리는 해외의 기술과 제품을 분석하고, 따라 하면서 발전해왔다. 그래서 빠르게 실행 능력을 키웠다. 하지만 여전히 작은 위기에도 허리띠를 졸라매라는 말을 한다. 아직 이 방법에서 벗어나지 못하고 있다.

문제는 '어리석어라'인데, 이 말은 왕따가 되거나 아웃사이더가 되기를 겁내지 말라는 의미다. 어리석다는 말은 일처리 방식이나 사고방식이 보통 사람과 달라 얼핏 보면 현명하지 못해 보이는 괴짜들에게 종종 쓰는 말이다. 스티브 잡스가 졸업생들에게 이 말을 한 것은 유행을 따르지 말고 괴짜처럼 남과 다른 것을 추구하라는 의미에서였다. 하지만 아직 우리는 이런 반항아 전략으로 성공해본 적이 없으니, 이 말의 가치를 체감하지 못한다.

새로운 시대를 여는 것은 항상 반항아였다. 남과 다른 것을 추구하는 반항아가 현재의 결핍과 만나면 혁신이 일어나게 된다. 그러므로 우리가 성공하기 위해서는, 애플을 버려야 한다는 결론에 도달하게 된다. 이제 애플이 주류가 되었기 때문이다.

애플이 만들어놓은 세상에서 계속 애플을 따르는 것은 낡은 가치를 추구하는 것이다. 애플이 만든 환경에서 소비자의 답답함이나 결핍은 오늘도 차곡차곡 쌓이고 있다. 애플을 버리고 애플이 만들고 있는 결핍을 찾고, 그것을 충족시킬 새로운 가치를 모색하는 것이 현명하다.

이제 '헝그리'라는 말보다 '풀리시'라는 말을 되새겨야 한다.

마니아 기업 애플이 뜨게 된 이유

상위 마니아 고객을 상대하던 반항아 애플이 어떻게 대중시장을 석권하게 되었는가?

이 질문에 대답하려면, 먼저 하위 틈새시장에 진입한 기업 **틈새기업이라고 부르자**이 주력 시장을 차지하고 있던 1등 기업을 몰아내는 과정을 살펴봐야 한다.

기업 혁신 연구로 유명한 하버드대학 경영대학원의 클레이튼 크리스텐슨 교수는 1등 기업이 틈새기업의 공략을 뻔히 알면서도 어쩔 수 없이 당하게 되는 과정을 설득력 있게 이론화했다. 바로 '파괴적 혁신'이다.

우선 상품에 관계없이 시간이 지날수록 소비자의 욕구 증가 속도보다 제품의 기술 발전 속도가 빠르다고 말한다. 이것은 생각해보면 당연하다. 사람들이 기본적으로 원하는 것은 예나 지금이나 크게 다를 게 없기 때문이다. 고대사회의 인간이나 현대인이나 시대적 상황만 바뀌었을 뿐 일반적인 수준의 욕구는 완전히 달라지지 않았다는 말이다. 고대 사람들이 편한 말을 타기를 원했다면, 현대인은 좀더 안락한 자동차를 원할 뿐이다. 반면에 기업의 기술력은 소비자의 욕구와 상관없이 극단적으로 발전한다. 얼마 전까지만 해도 사람들은 TV에서 자연의 색감을 그대로 살려볼 수 있는 선명한 화질을 원했다. 그리고 현재 TV 기술은 인간의 눈이 의식적으로 차이를 분별할 수 없을 정도로 선명한 화질을 구현하는 수준으로까지 발전하고 있다.

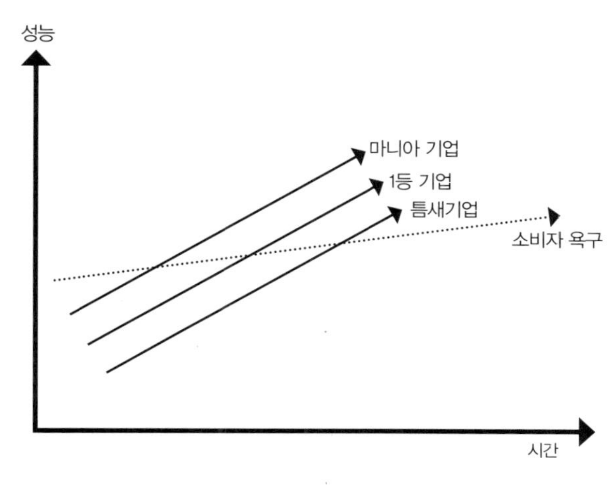

크리스텐슨 교수는 이 점에 주목했다. 바로 이러한 욕구와 기술 발전 속도의 차이에 의해 기업의 명암이 바뀌게 된다는 것이다.

산업 내에 있는 기업을 세 종류로 단순화했다. 우월한 성능으로 상위 시장을 선점하는 마니아 기업, 시장을 주도하는 1등 기업, 하위 틈새시장에 진입한 틈새기업. 그림에서 실선은 기업의 기술 발전을, 점선은 소비자들의 욕구가 늘어나는 것을 나타낸 것이다. 산업 초기에는 마니아 기업이 소비자가 원하는 것을 겨우 맞출 수 있기에 시장을 개척한다. 시간이 흘러 시장이 커졌을 때 소비자들이 원하는 수준의 제품을 제공하는 기업이 바로 1등 기업이다. 이때 틈새기업은 소비자들이 원하는 수준에 미치지 못하는 제품으로 시장에 진입한다. 저렴한 가격으로 승부하지만 기술력 부족으로 소비자들의 욕구를 충족시킬 수는 없다. 시간이 더 흘러 틈새기업의 기술 수준이 소비자의 욕구를 만족시킬 수 있게 되면, 업계에 커다란 재편이 일어난다. 소비자들은 더 이상 1등 기업의 제품을 살 필요가 없다. 값싼 틈새기업의 제품으로 충분하기 때문이다. 이때 1등 기업이 후발주자인 틈새기업에 역전 당하는 상황이 벌어진다.

미국 자동차 시장에 적용해 설명하면, 앞서 제시한 그래프의 맨 위 실선에 해당되는 마니아 기업은 포르쉐라고 할 수 있다. 주력 시장을 담당하는 1등 기업은 GM이나 도요타, 틈새기업은 현대자동차로 볼 수 있다. 날렵한 디자인과 뛰어난 기술력으로 시장을 선도하던 포르쉐는 과도한 엔진기술로 마니아만 열광하는 비싼 자동차가 되었고, 차기 주자로 주력 시장을 차지하기 위해 미국 기업과 일본 기업이 치열하게 경쟁했다. 그런 상황에서 국내 기업인 현대자동차가 품질이 낮지만 그만큼 가격도 매우 싼 제품으로 하위 시장에 진입했다. 현대자동차는 가난한 소비자나 가정에서 장을 보는 데만 쓰는 세컨드 자동차라는 틈새시장에서 선전했다. 시간이 흐르면서 점차 국내 자동차 업계가 발전하자, 현대자동차 역시 기술 혁신으로 소비자가 원하는 수준의 제품을 만들 수 있게 되었다. 이제 미국 시장에서 현대자동차는 저렴하면서도 품질까지 좋은 브랜드로 인정받으며 고속 성장하고 있다.

기존 주력 시장을 차지하고 있던 1등 기업은 이런 틈새기업의 공격에 속수무책일 수밖에 없다. 틈새기업이 시장에 진입할 때는, 그 시장이 너무 작아서 규모가 큰 기업이 투자하기에는 타산이 맞지 않아 방관하게 된다. 하지만 틈새기업은 점차 영역을 확대하게 되고, 1등 기업을 위협하게 된다. 이때 안타까운 점은 틈새기업이 성장해 1등 기업을 위협할 때에도 대응하기가 어렵다는 점이다. 이미 자기들이 가지고 있는 고비용 구조를 벗어 던질 수 없기 때문이다. 현대자동차에 비해 GM은 직원들의 임금도 높고, 오랫동안 계약을 이어온 업체의 비싼 부품을 사용하고, 서비스 비용도 높다. 그래서 틈새기업이 시장을 잠식해 온다고 해서 무리하게 가격을 낮출 수는 없다.

같은 틀을 가지고 컴퓨터 산업을 살펴보면, 다음과 같다. 그래프에서 맨 위에 있는 실선이 마니아 기업을 나타낸 애플이다. 개인용 컴퓨터 시장을 개척한 이후 고성능과 독특함으로 마니아 고객을 주로 상대했다. 1977년은 애플 II가 시장에 나왔을 때로, 마니아 기업이 처음으로 소비자가 원하는 수준을 충족시킨 것을 의미한다. 개인용 컴퓨터 시장이 커지자, 이후 IBM이 들어왔다. 1984년은 IBM 계열 호환 PC가 시장을 장악한 해이다. IBM 계열 PC가 시장을 주도하고 있을 때, 하위 틈새시장에 델 컴퓨터가 진입한다. 이들은 외주 생산과 직접 판매를 통해 저렴한 제품을 내놓았다. 컴퓨터 산업의 기술이 발전하면서 델은 급성장한다. 1999년은 델이 컴팩을 추월해 시장점유율 1위를 차지한 해이다.

이렇게 마니아 기업이 시장을 개척하면**반드시 그렇지는 않고, 시장을 개척하고 곧 사라진 기업들도 많다,** 1등 기업이 주력 시장을 독식하면서 한동안 승승장구하다가 산업 내 기술 발전이 대부분 소비자의 욕구를 넘어서게 되면 틈새기업이 시장에서 주도권을 차지하게 된다.

그러면 마니아 기업인 애플이 어떻게 대중시장을 석권하게 되었을까.

　기존 시장의 소비자들에게 커다란 변화가 일어났기 때문이다. 틈새기업이 주도권을 차지하게 되는 상황은 산업의 성숙기로 거의 모든 기업의 기술 수준이 평준화되어 가격 경쟁이 일어나게 되었을 때다. 이때 소비자들은 기존 제품에 대해 대체적으로 만족하지만 비슷한 제품 사양에 염증을 느끼게 된다. 그리고 스스로는 인식하지 못하지만 새로운 욕구를 갖게 된다. 서서히 결핍이 발생하는 것이다. 이때 기존과 다른 새로운 자극을 주는 제품이 나오면 소비자들의 욕구는 불연속적으로 도약하게 된다. 다음에 제시된 그래프에

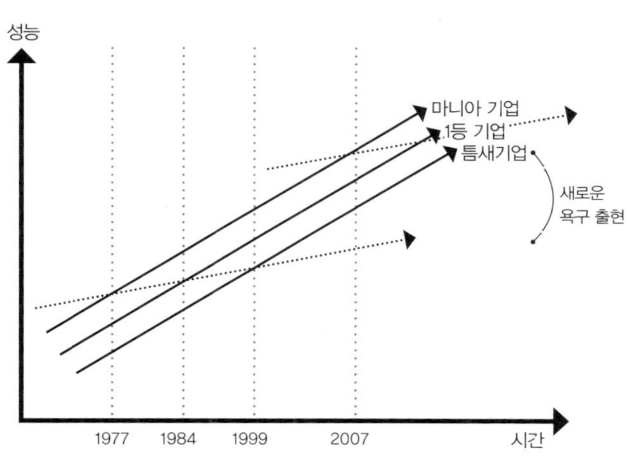

서 새로운 욕구가 출현함에 따라 점선이 위로 한 단계 도약한 경우가 바로 그렇다.

예를 들면, 마차를 타던 시대에 자동차가 나오게 되었을 때, 통신 산업에서 스마트폰이 출현해 휴대폰의 쓰임새가 전혀 달라졌을 때가 바로 이런 상황이다. 이때는 새로운 욕구를 만들어낸 기업이 개척자로 시장을 주도하게 된다. 그런데 스마트폰은 전화기인 동시에 모바일 컴퓨터로 볼 수도 있다. 결국 컴퓨터 시장에서 마니아를 상대하던 애플이 새로운 컴퓨터를 출시했다고 볼 수 있다. 2007년은 아이폰이 나와 스마트폰 시장을 장악한 해다.

앞에 제시된 그래프를 보면 애플의 아이폰 역시 시간이 지나면 후발기업에 추월당할 수밖에 없음을 알 수 있다. 현재 삼성전자가 이 역할을 하고 있다. 아직 스마트폰 시장에서 틈새기업이 출현하지는 않았지만, 몇 년 지나면 10만 원도 안 되는 스마트폰을 출시하는 기업이 분명 나오게 될 것이다. 그리고 언젠가는 그런 기업이 시장을 잠식하게 될 것이다. 과연 노키아가 그런 역할을 할 수 있을까.

스 티 브 잡 스 vs 빌 게 이 츠

앞 장에서 잡스와 게이츠를 비교하면서 이야기를 시작했는데, 말이 나온 김에 두 사람의 차이를 몇 가지 써보는 것도 흥미로울 것 같다.

세상을 떠난 후 나온 자서전 《스티브 잡스》에서 잡스는 빌 게이츠와 마이크로소프트에 대해 이렇게 언급했다.

"나는 멋진 기업을 세운 빌을 존경하며 그와 함께 일하는 것이 즐거웠다. 그는 똑똑한 사람이고 실제로 유머 감각도 뛰어나다. 그러나 마이크로소프트의 DNA에는 인간애와 인문학이 존재하지 않았다. 그들은 맥을 보고도 그것을 제대로 모방하지도 못했다. 그것을 전혀 이해하지 못한 것이다."

잡스는 게이츠에 대해 죽기 전까지 비난을 멈추지 않았다. 그러나 몇 달 뒤 게이츠는 언론과 가진 인터뷰에서 전혀 다른 이야기를 들려주었다.

"나는 스티브가 그의 업적과 그가 세운 회사에 대해 얼마나 위대하게 생각해도 되는지에 대해 편지를 썼어요. 그가 세상을 떠난 후 그의 아내에게서 전화가 왔습니다. 그녀는 스티브가 내 편지를 자신의 침대맡에 두었다고 말해주었죠."

두 사실을 종합해보면, 잡스는 게이츠에게 열등감을 가지고 있었던 것 같다. 잡스가 보기에 게이츠에게는 자신에게 없는 재능이 있었다. 그리고 사람들의 평가도 그랬다. 마지막 몇 해를 제외하고는 줄곧 주목받은 것은 게이츠였으니까.

그들의 인연은 창업 초기로 거슬러 올라간다. 중소기업이었던 마이크로소프트에게 당시 개인용 컴퓨터 시장을 석권했던 애플은 큰 고객이었다. 잡스는 매킨토시를 개발할 때 들어갈 소프트웨어를 미리 준비하기 위해 게이츠를 불렀다. 당시 마이크로소프트에서 만든 운영체제는 명령어 방식인 도스였는데, 매킨토시의 화려한 그래픽 인터페이스를 본 게이츠는 매료되고 말았다. 잡스는 게이츠가 그래픽 인터페이스를 도용할지도 모른다고 걱정해 법률 계약을 맺었다. 하지만 빌 게이츠는 매킨토시가 출시되기 두 달 전 그래픽 인터페이스를 갖춘 윈도우를 발표했다. 이 사실을 안 잡스는 격노했다. 당장 빌 게이츠를 불러 프로그램 도용에 대해 따졌다.

"당신을 믿었는데, 우리 것을 도둑질하다니."

"글쎄요. 스티브, 이 문제는 다른 시각으로 볼 수도 있다고 생각해요. 우리 둘에겐 제록스라는 부유한 이웃이 있는데, 내가 텔레비전을 훔치려고 그 집에 침입했다가 당신이 이미 훔쳐 갔다는 사실을 발견한 것으로 볼 수도 있다는 말이에요."

빌 게이츠는 마이크로소프트가 애플이 이미 제록스에서 훔친 걸 다시 훔친 거라는 논리를 폈다.

잡스는 당시 발표된 윈도우를 자세히 살펴보고는 "이게 뭐야. 완전히 쓰레기잖아"라며 안도했다. 실제로 윈도우는 발표한 지 1년이 훨씬 넘은 1985년이 되어서야 시장에 나왔다. 잡스가 보기에는 여전히 쓰레기 같은 운영체제로 맥에 상대가 되지 않았다.

그러나 마이크로소프트는 그 제품을 꾸준히 개선했고, 10년 후 발표된 '윈도우 95'는 컴퓨터 업계에서 가장 성공한 운영체제가 되었다. 지금도 마이크로소프트는 전 세계 컴퓨터 운영체제 시장을 독점적으로 지배하고 있다. 항상 그랬다. 마이크로소프트의 첫 제품은 형편없었지만 결국에는 문제를 개선해 시장을 장악했다.

익스플로러도 처음 나온 버전은 성능이 턱없이 낮아서 경쟁사인 넷스케이프의 제품을 쓰는 사람이 훨씬 많았다. 하지만 결국 시장을 지배한 것은 마이크로소프트였다. 오피스 프로그램도 처음에는 완전하지 않았지만 결국 거의 모든 컴퓨터에 들어가는 필수 소프트웨어로 마이크로소프트에 안정적인 수익을 가져다주는 효자 상품이 되었다.

잡스는 마이크로소프트가 윈도우의 시장 지배력을 이용해서 열등한 제품을 팔아먹는다고 비난했지만, 실제로는 게이츠의 이런 사업 수완을 부러워한 것은 아니었을까.

잡스와 게이츠를 비교하는 문장을 써보면 이런 것들이 될 것이다.

잡스는 불우하게 태어났지만, 게이츠는 부잣집에서 태어났다.

잡스는 문제아였고, 게이츠는 공부 잘하는 모범생이었다.

잡스는 감정적이고, 게이츠는 이성적이다.

잡스는 완벽주의자이고, 게이츠는 현실주의자다.

그래서 잡스는 자신이 좋아하는 제품을 만들었고, 게이츠는 타인이 좋아할 만한 것을 만들었다.

다시 말해 잡스는 제품에 집중했고, 게이츠는 시장에 집중했다.

그러다 보니 잡스는 하드웨어와 소프트웨어를 통합했고, 게이츠는 라이선스를 제공했다.

당연히 잡스가 출시한 제품은 처음부터 완벽했고, 게이츠는 불완전한 제품을 개선했다.

결국 잡스는 장인이고, 게이츠는 사업가다.

잡스는 겉으로는 욕을 했지만 게이츠의 찬사가 담긴 편지를 간직할 정도로, 다른 누구보다 게이츠에게 인정 받고 싶었던 게 아닐까.

이제 잡스가 하늘나라에서 편안하게 지내도 된다고 생각한다. 둘은 정반대였고, 한 사람의 장점은 다른 사람의 약점이었을 테니까.

Chapter 3.

눈치를 보지 않는 오만한 회사

애플의 핵심역량으로 단순하지만 빼어난 제품 디자인, 어린아이도 쉽게 익힐 수 있는 인터페이스, 멋지고 편리한 사용자 경험, 확실히 차별화되는 브랜드 등을 꼽는다. 이 모든 게 서로 연결되어 있고, 애플만의 독창성과 미학을 형성하고 있다.

이 같은 애플의 독창성은 하루아침에 만들어진 게 아니다. 아이폰에 담긴 특징은 매킨토시 때부터 이어져온 것으로, 오랫동안 한 길을 걸어왔기에 핵심역량으로 축적될 수 있었다. 반항아 정신으로 아무도 가지 않은 길을 개척하면서, 많은 이들이 알아주지 않는 곳에서 오래 머물렀기에 핵심역량이 쌓일 수 있었다. 내공을 쌓으려면 10년 이상 집중해야 한다는 말처럼, 애플은 묵묵히 그들의 길에서 추구한 결과물을 얻은 것이다.

단적으로 말하면 애플의 핵심역량은 잘하는 것에 계속 집중하는 것이다. 약점을 고치기보다는 강점에 집중하라는 교훈이 떠오를 정도로 집중했다. 그러나 기업에서 꾸준히 선택과 집중을 한다는 것은 결코 쉽지 않다. 거의 불가능하다. 하지만 애플은 그런 태도를 유지했다. 이것이 가능할 수 있었던 근본적인 이유가 있다.

남들에게 휘둘리지 않았다는 게 핵심이다. 시장 상황에 휘둘리지 않는 소신, 남에게 영향 받지 않는 뚝심, 주변에서 무엇을 하든 눈 돌리지 않는 태도, 이런 게 있었기에 아무도 알아주지 않았음에도 불구하고 오랜 시간 집중할 수 있었다.

애플의 두 번째 배울 점은 눈치를 보지 않는다는 사실이다. 애플은 시장에서 떠드는 소리에 귀 기울이지 않고, 스스로의 확신을 믿었다. 심지어 소비자의 소리도 듣지 않았다.

전 세계를 떠들썩하게 했던 아이폰 4를 출시했을 때의 에피소드로 이야기를 풀어나가는 게 좋겠다.

소비자를 무시한 잡스의 변명

2010년 6월 아이폰 4가 출시된 날, 한 소비자가 잡스에게 이런 이메일을 보냈다.

"새로 나온 아이폰 4가 너무 좋군요. 하지만 전화기 옆의 금속 부분을 손으로 쥐고 통화할 때 수신 감도가 떨어지는 것 같습니다. 아마 다른 사람들에게서도 문제가 생길 것 같아요. 이 문제를 어떻게 처리하실 겁니까?”

그러자 잡스는 두 시간 만에 그에게 아주 간단한 답장을 보냈다.

“그럼 그렇게 쥐지 말아요.”

이 소비자는 아이폰을 계속 사용해오던 애플 고객으로 정보통신 관련 소식을 전하는 매체에서 일하고 있었다. 연일 아이폰 4가 언론의 뜨거운 관심을 받고 있던 터라, 잡스의 이메일은 놀라운 기삿거리가 되었다. 다음날 아이폰 4의 수신 불량 문제는 잡스의 퉁명스럽고 오만한 이메일과 함께 주요 언론에 대서특필되었다.

애플은 공식 입장을 내놓았지만 소비자 입장에서는 선뜻 납득이 되지 않는 것이었다.

“휴대폰을 어떻게 잡느냐에 따라 안테나의 성능이 떨어질 수 있습니다. 특히 안테나의 위치에 따라 어떤 부분은 더 심하게 영향을 줄 수도 있습니다. 이건 모든 휴대폰 제조사들이 가지고 있는 문제입니다. 만약 아이폰 4에서 통화 감도가 떨어지는 것을 경험했다면 금속 테두리 부분을 잡지 말거나, 이 부분을 가릴 수 있는 별도의 케이스를 사용하면 될 것입니다.”

연일 소비자들의 비난이 이어졌다. 잡스가 수신 불량 문제에 대해 이메일을 받자마자 두 시간 만에 답장을 보낸 것에 대해, 애플이 이미 문제를 알고 있었을 것이라고 꼬집었다. 처음부터 문제를 알고 있으면서도 출시한 것은 잘못이고, 그럼에도 판매를 강행하려고 결정했다면 사용설명서에 '테두리 부분을 손으로 잡지 마세요'라는 문구를 넣었어야 한다고 지적했다. 어떤 소비자는 테두리를 가리는 범퍼를 판매하기 위해 의도적으로 그렇게 만들었다는 음모론을 제기하기도 했다.

경쟁사들은 애플의 이 같은 오만한 입장에 어이없다는 반응을 보이며 비난했다. 휴대폰을 어떻게 쥐든 통화 품질에 문제가 없도록 만드는 게 기본이며, 문제의 원인을 소비자에게 전가하는 태도라고 비판했다. 또 금속 소재를 이용할 때 가장 신경 써야 할 부분이 통화 품질의 확보인데, 아이폰 4는 기본적으로 하드웨어 설계가 잘못되었기 때문에 이런 현상이 발생했다고 덧붙였다. 경쟁사들은 그동안 눈엣가시처럼 여겼던 애플의 실수를 물고 늘어졌다. 결국 그들의 말에 따르면 아이폰 4는 불량품이었다.

우리나라에서도 이 문제는 한동안 세간을 떠들썩하게 만들었다. 휴대폰의 수신 불량 문제보다 잡스와 애플의 태도를 이해할 수 없다는 견해가 많았다. 또 애플이 돈을 너무 많이 벌어서 이제 소비자를 무시한다고 비난했다.

애플이 빠져나갈 길은 없었다. 아이폰 4의 수신 불량은 명백한 설계상의 실수였기 때문이었다. 애플 설계팀은 다른 휴대폰과 달리 의도적으로 안테나를 바깥으로 빼냈다.

스마트폰은 대부분의 공간을 액정 스크린과 배터리가 차지하고 다양한 센서도 넣어야 해서 부품을 배치할 공간이 협소하다고 한다. 안테나를 왼쪽 아랫부분으로 빼내서 부족한 공간 문제를 해결한 것이다.

그러나 하드웨어 전문가들은 아이폰 4의 안테나 위치에 대해 이해할 수 없는 설계라고 말했다. 전파를 전기로 바꾸는 안테나의 특성 때문에 전류가 통하는 사람의 몸과 접촉하면 수신 감도가 떨어지는 현상은 필연적이라고 설명했다. 특히 왼쪽 하단부의 금속 테두리는 전화를 사용할 때 자주 접촉하는 곳이다. 통화할 때뿐만 아니라 오른손잡이라도 무선인터넷이나 게임 등 통화 이외의 서비스를 이용할 때는 이곳에 손이 닿게 된다. 엔지니어들은 이런 기본적인 사항들을 사전에 알고 있었을 텐데, 어떻게 안테나를 밖으로 빼냈는지 믿을 수 없다고 말했다.

소비자의 불만이 끊이지 않자, 미국 소비자협회가 발간하는 권위 있는 월간지 〈컨슈머리포트〉에서 객관적인 실험을 실시했다. 엄격한 테스트를 한 결과 아이폰 4를 '추천할 수 없다'고 발표하자 그제

아이폰 4의 안테나 문제를 설명하는 잡스

야 애플에서도 공식적으로 대안을 내놓았다. 그런데 그 해결책이라는 것 역시 성의 없기는 마찬가지였다.

잡스가 기자회견에 나와 처음 한 말은 이 문장이었다. "우린 완벽하지 않습니다. 휴대폰도 마찬가지로 완벽하지 않습니다." 그리고 뒤이어 '아이폰 4는 완벽한 제품이 아니다. 그러나 3주 만에 300만 대가 팔릴 정도로 소비자들이 인정하고 있다. 다른 회사 제품에서도 이런 문제는 나타난다. 이 문제를 해결하기 위해 투자하고 있다. 게다가 이 문제로 불만을 제기하는 고객은 매우 적다. 일단 무료로 제공되는 범퍼를 사용해달라'라는 내용을 전달했다. 기자회견은 이렇게 애플의 입장을 설명하는 선에서 끝이 났다.

애플은 끝까지 아이폰 4의 결함을 인정하지 않았다. 제품을 수거하지도 않았으며, 대체할 다른 제품을 내놓지도 않았다. 아무 일도 없었다는 듯이 아이폰 4에 대한 마케팅은 계속되었다. 소비자의 의견을 철저히 무시한 것이다.

정말 애플이 배가 불러서 소비자를 무시하게 된 것일까. 결코 그렇지 않다. 애플은 처음부터 소비자를 무시하는 회사였으니까.

시장조사의 함정

소비자를 무시한다는 말은 감정이 들어간 표현이고, 애플은 원래 소비자의 의견에 귀를 기울이지 않는다. 애플은 제품의 기획 단계부터 출시, 그 이후 과정에서 전혀 시장조사를 하지 않는 것으로 유명하다. 한 언론에서 시장조사에 대한 견해를 물었을 때, 잡스는 이렇게 대답했다.

"우리는 시장조사를 하지 않습니다. 오래전 애플의 유통점을 만들려고 할 때 시장조사 업체를 고용한 적이 있어요. 정말 마음에 들지 않더군요. 다시는 그런 실수를 하지 않을 겁니다. 그냥 우리 스스로의 확신에 따라 멋진 제품을 만들면 됩니다."

잡스는 시장조사를 통해서는 새로운 제품을 만들 수 없다고 생각했다. 그래서 누군가 시장조사를 왜 하지 않느냐고 물으면 그는 "포드가 시장조사를 했다면 사람들은 더 빠른 마차를 만들라고 했을 거요"라거나 "벨이 시장조사 같은 걸 하고 전화를 발명했습니까?"라고 답변했다.

대부분의 사람들은 기존 제품을 별 불만 없이 사용하는데 그들에게 품질을 향상시키는 방법을 묻는다면, 그들은 문제점을 찾아내는 데 시간을 보낼 것이다. 그러면 기껏해야 발견된 소소한 문제점들을 점진적으로 개선하는 정도에 그치고, 시장의 판도를 바꿀 새로운 제품에 대한 아이디어는 얻지 못한다. 잡스는 시장조사가 이와 같다고 생각했고, 그렇게 해서는 결코 혁신적인 제품을 만들어낼 수 없다고 생각했다.

잡스 말고도 남들이 쉽게 따라 하지 못하는 차별화된 제품을 만드는 회사일수록 시장조사를 싫어한다. 시장조사에 부정적인 견해를 가진 경영자들에게 왜 그런지 물으면 그 과정이나 결과가 오히려 새로운 제품을 만드는 데 장애가 되기 때문이라고 말한다. 시장조사가 개발자들의 시야를 좁힌다는 것이다. 그들은 이런 이야기를 한다.

"나는 고객의 이야기를 들어야 한다고 생각해요. 그러나 소비자를 찾아가 '어떤 제품을 원하세요?'라고 물으라는 말이 아닙니다. 시장조사의 문제점은 응답자들이 이미 기업에서 인식하고 있는 것만 대답한다는 거예요. 그것으로는 남과 똑같은 물건을 만들 수는 있어도 혁신적인 제품을 탄생시킬 수는 없습니다. 소비자들도 자신이 다음에 뭘 원하는지 스스로 알지 못하거든요. 그들의 습관을 읽고 그들이 미처 생각하지 못한 걸 내놓아야 합니다."

몇몇 경영학자들은 이 사실을 실증하는 연구를 발표하기도 했다.

시장조사처럼 데이터를 사용하는 경영기법은 방법 자체에 이미 결점이 내재해 있다고 한다. 데이터 자체가 기존에 존재하는 것을 수치화한 것이므로 새로운 시장에 대한 분석이 불가능하다는 것이다. 자연스럽게 새로운 제품을 만들어내기는 어려워진다. 하지만 모든 분야에서 시장조사가 쓸모없는 것은 아니었으며, 다음과 같은 특징이 도출되었다고 한다.

"자동차 업계에서는 효과를 발휘했습니다. 반면에 컴퓨터 산업 같은 곳에서는 잘 통하지 않았어요. 이건 자동차 산업이 상대적으로 안정적이기 때문입니다. 예측이 불가능하고, 변화가 심한 곳에서는 전혀 도움이 되지 않을 뿐 아니라 오히려 해롭습니다."

또 시장조사가 효과를 발휘하더라도 여기에 의존하게 되면 차별화된 제품이 사라지는 부작용이 생긴다고 한다. 다른 업체와 비슷한 제품만 양산하는 평범한 기업으로 전락하게 될 수 있다는 우려를 표명한다. 지난 수십 년간 시장조사가 자동차 업계에 미친 영향이 그랬다.

10년 전만 해도 볼보는 실용성과 안정성으로 인정받았다. 아우디는 스포티한 디자인으로 소비자들에게 사랑 받았다. 하지만 지금은 안전성 테스트에서 아우디가 볼보를 앞지르고 있으며, 볼보는 아름다운 디자인의 자동차를 선보이고 있다.

그사이 '안전성'과 '디자인'이라는 요소가 자동차를 평가하는 필수 항목으로 자리 잡았기 때문이다. 볼보 운전자들을 대상으로 시장조사를 하면, 안전성에는 만족하지만 디자인에 대한 아쉬움을 이야기했다. 아우디에서 신차 개발을 위한 조사에서 소비자들은 디자인은 좋지만 좀더 견고하게 만들어달라고 주문했다. 이런 결과를 손에 쥔 경영자들은 다른 업체에 비해 부족한 부분에 더 집중했고, 그에 따라 대부분의 자동차가 비슷비슷해지는 현상이 나타났다. 자동차 업계가 시장조사를 통해 개성 없는 자동차들을 양산하게 된 것이다.

자동차 업계에서 일어난 일을 살펴보면, 모든 부분에서 뛰어나기는 불가능하다는 진리를 생각하게 된다. 차별화는 포기를 의미하기 때문이다. 한 분야에서 최고가 된다는 것은 다른 분야를 포기해야 한다는 뜻이다.

나는 누구나 이 사실을 인지하고 있다고 생각한다. 우리 동네에 가정의학과 간판을 내건 병원이 있다. 병원이 드문 곳인데도, 감기철에도 환자가 별로 없다. 직접 가보니 그 이유를 알 것 같았다. 그 병원은 못 고치는 게 없었다. 감기, 소아과, 피로, 비만, 피부병, 관절염, 고혈압, 여성 질환까지 모든 병을 다 치료하고 있었다. 사람들은 모든 병을 다 고친다는 말을 오히려 어떤 것도 제대로 못 고친다는 의미로 받아들이고 있는 것이다.

이렇게 우리는 한 분야에서 뛰어난 능력을 가지려면 다른 것을 포기해야 한다는 사실을 이미 알고 있다. 그럼에도 포기하지 못하는 이유는 항상 남들이 뭘 하는지 눈치를 보기 때문이다. 남들이 한다면, 더구나 그 방식으로, 혹은 그 분야에서 효과를 봤다는 이야기를 들으면 포기하지 못한다.

애플은 모든 병을 치료할 수 있는 가정의학 병원이 되긴 싫었던 모양이다. 나는 아이폰 4 문제도 소비자들은 물론 주변 눈치를 보지 않고 애플이 잘하는 것에 집중한 결과였다고 생각한다.

소비자가 원하지만 인식하지 못하는 가치

아이폰 4의 수신 불량 문제를 애플이 이미 알고 있었다는 소비자들의 의심은 사실로 드러났다. 애플은 개발 과정에서 이 문제를 인식하고 충분히 심각하게 토론했다. 하지만 애플은 문제가 될 가능성이 있는 상태에서 그대로 출시하자고 결정했다. 왜 애플은 이런 무리수를 둔 것일까.

디자인 실장인 아이브는 초기 아이폰에 한 가지 불만스러운 점이 있었다. 원래 그는 아이폰에서 금속이 지닌 단순하면서도 맵시 나는 속성을 부각시키려고 했다. 그래서 첫 아이폰의 뒷면을 모두 금속으로 감싸는 디자인을 시도했다. 그러나 금속 덮개로 인해 통화 품질에 문제가 생겨, 어쩔 수 없이 하단에 플라스틱 띠를 두른 채 출시했다. 디자이너의 눈에 이런 디자인은 타협의 산물로 비춰졌고, 그로 인해 통일성을 해친다고 생각했다. 그래서 두 번째와 세 번째 모델에서는 아예 플라스틱 덮개로 뒷면을 덮어버렸다. 깔끔하긴 했지만, 처음부터 아이브가 원했던 디자인은 아니었다. 잡스의 생각도 아이브와 같았다. 그래서 아이폰 4에서는 애초에 의도했던 금속 디자인을 다시 한 번 시도하기로 했다.

애플에서 제품을 개발할 때 잡스는 아이브와 먼저 디자인에 합의를 본 후 하드웨어 작업에 들어간다. 이런 원칙은 엔지니어들의 불만을 계속 낳았다. 하지만 잡스는 넥스트에서 데려온 심복 존 루빈스타인을 내보내면서까지 이 방식을 굳게 지켰다. 하지만 이런 식으로 개발된 아이맥과 아이팟이 연이어 성공하면서 엔지니어들은 불만을 겉으로 표현할 수 없었다.

루빈스타인은 넥스트가 애플에 인수될 때부터 하드웨어 부문을 담당했다. 그리고 디자인을 중시한 잡스는 하드웨어 부문에 속해 있던 아이브를 독립시켰다. 잡스의 응원과 인정이라는 날개를 단

아이브는 항상 멋진 디자인을 가지고 왔다. 하지만 기술적으로는 구현하기 힘들어 그때마다 디자인에 맞춰 하드웨어를 만드는 일은 여간 어려운 게 아니었다. 아이브와 루빈스타인은 제품을 개발할 때마다 다투었고, 그때마다 잡스는 아이브의 손을 들어주었다. 두 사람의 대립이 최고조에 달하자, 아이브는 잡스에게 "두 사람 중 한 명을 택하시죠"라고 말했고, 잡스는 아이브를 잡았다. 결국 루빈스타인은 애플을 떠났고, 그 이후 디자인실의 입김은 더 세졌다.

이런 분위기에서 아이폰 4가 개발되었다. 아이브는 알루미늄으로 휴대폰 테두리를 감싸기로 결정했다. 잡스는 새로운 디자인에 만족했다. 금속 테두리가 휴대폰을 더 얇고 가볍게 보이는 효과를 연출했고, 고급스러움까지 더해준다고 생각했다. 그런데 알루미늄 테두리가 안테나 역할을 하면서 통화 품질이 떨어진다는 문제가 제기되었다. 금속성이 손에 닿으면 전파가 차단되는 일이 발생한 것이다. 처음에는 심각하게 받아들였지만 사실 알루미늄 테두리와 전화기를 잡는 손 사이에 약간의 틈을 주면 해결되는 간단한 문제였다.

엔지니어들은 문제 해결 방안으로 금속 테두리 위에 투명 코팅을 하자고 제안했다. 그러나 아이브는 그렇게 되면 애초 의도했던 메탈 느낌이 사라진다고 반대했다. 이번에도 잡스는 아이브의 편에 섰다. 오히려 엔지니어들에게 그런 문제 하나 해결하지 못하느냐고 다그쳤다. 어쩔 수 없이 엔지니어들은 디자인을 바꾸지 않은 상태에서 제품을 만들어냈다. 수많은 테스트를 거쳐서 통화 품질 문제는 어느 정도 해결했지만 완벽하지는 않았다.

수신 불량은 아이폰 4를 개발할 때부터 주의를 기울여온 문제였다. 더 거슬러 올라가면 초기 아이폰 모델 개발 때부터 인지된 문제였다. 그럼에도 애플은 이 디자인을 고수했다.

통화 품질은 통신기기인 휴대폰이 갖추고 있어야 할 기본 기능이다. 통화에 나쁜 영향을 주는 설계를 피하는 것은 업계 상식이었다. 그러나 애플은 디자인의 미적 완성도를 높이기 위해 엔지니어링을 어느 정도 포기했다. 더 나아가 소비자들의 소리, 엔지니어들의 상식과도 싸웠다. 나는 이런 점에서 애플이 다른 컴퓨터 업체뿐만 아니라 일반적인 기업과 다르다고 생각한다. 애플은 가장 잘할 수 있는 디자인을 위해서라면 다른 것은 포기할 수 있었다. 그리고 누가 뭐라고 하든지 소신을 밀고 나갔다.

이런 애플의 시도는 적중했다. 소비자들은 안테나로 인한 통화 품질이 낮다는 사실을 알고 있었지만, 아이폰 4는 이전 모델보다 두 배 이상 팔렸다. 소비자들은 아이폰 4 같은 맵시 나는 디자인을 원하고 있었지만 이 제품이 나오기 전까지는 구체적으로 인지할 수 없었던 것이다.

강점을 키우는 기업

　잘하는 것에 집중하다보면 더 잘하게 되는 법이다. 이렇게 강점을 키우다보면 남들은 알아차리지 못하는 것을 간파할 수 있는 내공이 생긴다. 그래서 남들의 눈치를 더욱 보지 않게 된다.

　애플이 유통에 진출할 때 이런 경험을 했다.

　2000년 맥의 시장점유율이 지속적으로 떨어지고 있을 무렵, 잡스는 애플의 제품을 판매할 소매점을 설립하기 위해 이사회를 설득했다. 잡스는 유통업체에 대해 불만이 많았다. 맥의 판매가 줄어든 것을 유통업체 탓으로 돌렸다. 대형 컴퓨터 유통점은 시장점유율이 낮은 애플을 좋은 공간에 진열하지 않았다. 맥은 통상적으로 델과 컴팩 컴퓨터 사이의 좁은 공간에 진열되었다. 잡스가 보기에 더 큰 문제는 맥이 다른 제품과 동일한 취급을 받고 있다는 점이었다. 애플은 다른 컴퓨터와 달리 혁신적인 제품이었는데, 그 특징을 제대로 알 리 없는 매장의 판매원들은 소비자들에게 이런 장점을 전달할 수 있는 지식이 없었다. 고작 앵무새처럼 외운 컴퓨터 사양을 읊어대는 게 전부였다.

　잡스는 매장에서 고객에게 직접 애플의 메시지를 전할 방법을 찾지 않으면 이 문제를 풀 수 없다고 생각했다. 애플을 잘 아는 전문가가 고객을 만나 직접 대면해 소비자 경험을 제공한다면 맥의 판매도 살아나리라고 생각했다. 잡스는 이런 생각을 바로 실행에 옮겼다. 우선 전문가로 교육시킬 직원을 채용하고, 유통점 진출을 준비했다.

잡스가 이사회에 이런 구상을 밝혔을 때, 대부분 반대했다. 당시 게이트웨이가 교외에 매장들을 열었다가 실패해 쓰러져가고 있었기 때문이었다. 이사회 의장은 잡스를 말렸다.

"애플은 약소한 경쟁자라네. 게이트웨이는 유통에 진출했다가 실패했고, 델은 매장 없이 곧바로 소비자에게 판매하면서도 유례없는 성공을 거두고 있단 말일세. 자네의 아이디어를 지지해도 좋을지 잘 모르겠네."

"일단 시험 삼아 몇 군데라도 운영해보고 추가로 확장할지 결정하도록 하죠."

이사진의 반대를 무릅쓰고 잡스는 자신의 계획을 추진시켰다. 잡스는 애플의 소매점을 성공시킬 자신이 있기 때문이었다. 회사 근처에 있는 빈 창고를 임대해 리모델링하고, 매장을 어떻게 구성할지 여러 가지 가능성과 아이디어를 시험해보았다. 잡스는 디자인 스튜디오에서 아이브와 새로운 디자인을 구상하면서 놀 때처럼 매장에서 많은 시간을 보냈다. 그러면서 매장의 조명부터 디스플레이

등 세세한 부분까지 모두 관리했다.

2001년 5월, 버지니아 주의 대형 쇼핑몰에 첫 번째 애플 스토어가 문을 열었다. 언론에서는 어리석은 짓이라며 비웃었다. 〈비즈니스 위크〉 지에는 '미안해요, 스티브. 애플 스토어가 성공하지 못할 이유는 이거예요'라는 기사에 비관적인 의견을 싣기도 했다.

"잡스의 미학적인 완벽주의로 인해 마니아를 제외한 일반 고객에게 아름답고 값비싼 제품을 판매하기는 어려울 것이다. 현재 애플의 시장점유율은 2.8퍼센트에 불과하다. 애플의 문제는 치즈와 크래커에 충분히 만족하는 고객에게 아직도 캐비어를 대접하는 것이 성장하는 길이라고 믿고 있다는 점이다."

그러면서 게이트웨이를 사례로 들며 매장당 수익이 손익분기점을 넘기기 어려울 것이며, 앞으로 2년이면 애플이 뼈아프고 값비싼 실수에 대한 관심을 말끔히 접을 것이라고 썼다.

언론을 포함해 소매점의 개점에 대해 반대하는 쪽의 근거는 분명했다. 잡스는 기존 유통점이 소비자 경험을 제대로 피력하지 못해서 판매가 떨어졌다고 보았는데, 반대파는 컴퓨터 업계의 유행인 저가 제품을 만들지 않아서 시장점유율이 떨어진 것이고, 저가 유통도 실패하는데, 비싼 제품의 유통은 더욱 성공 가능성이 낮을 것이라고 예측했다.

나는 양쪽의 의견이 모두 맞는다고 생각한다. 이들은 서로 컴퓨터 사업에 대한 철학이 다를 뿐이다. 잡스는 마니아 고객을 늘릴 방법을 찾기 위해 소매점을 오픈한 것이고, 반대하는 쪽은 애플이 마니아 시장에서 벗어나는 게 시급하다고 조언하고 있었다. 당시 잡스의 의도를 이해하는 사람은 별로 없었던 것 같다. 델의 직접 판매 성공으로 인해 컴퓨터 업계에서 점차 사라져가는 유통에 겁도 없이 뛰어드는 고집쟁이라고만 생각했다.

하지만 그들이 잡스가 애플 스토어를 준비하는 과정을 선입견 없이 살펴보았다면 그의 의도를 충분히 이해할 수 있었을 것이다. 잡스는 몇 가지 측면에서 애플만의 유통점 운영이 승산 있다는 결론을 내렸다.

첫째, 애플 제품은 매장 근처를 지나가다가 호기심에 들어온 고객을 사로잡을 수 있다고 생각했다. 그래서 임대료가 아무리 비싸더라도 사람들이 많이 찾는 시내 중심가에 입점하겠다고 결정했다. 이것은 컴퓨터 업계 사람들이 갖고 있는 통념과 달랐다.

업계 사람들은 자주 사지도 않고, 한 번 사려면 목돈이 들기 때문에 컴퓨터를 구입할 때 소비자들은 다소 불편한 곳에 위치한 매장도 기꺼이 찾아간다고 보았다. 그래서 컴퓨터 매장은 쇼핑몰보다 임대료가 저렴한 지역에 입점해 있었다. 게이트웨이도 이런 이유로 교외에 유통점을 냈다.

잡스가 시장조사를 신뢰하지 않게 된 것도 이때부터다. 잡스는 딱 한 번 시장조사 업체를 고용했는데 애플 스토어를 계획할 때였다. 그들은 게이트웨이의 유통 전략을 여전히 권고했고, 잡스는 그 업체의 조언을 따르지 않았다. 그 이후 시장조사도 멀리했다.

둘째, 설계와 내부 인테리어에 많은 돈을 들여 최대한 고급스러운 분위기로 꾸몄다. 인테리어를 구성하는 재료도 유리와 스테인리스, 나무 등 세 가지로 국한시켜 단순하면서도 우아하게 만들었다. 특히 그는 이탈리아 피렌체에서 본 보도에 깔린 회색 돌을 매장 바닥에 깔자고 고집했다. 다른 사람들은 콘크리트를 가공해 사용하자고 했지만, 잡스는 진품을 고집했다. 결국 피렌체 외곽의 한 채석장에서 생산된 고급품으로 매장 바닥을 장식했다. 그로 인해 매장은 하이테크적이면서도 고전적인 분위기가 연출되었다.

셋째, 대부분의 유통점이 제품 중심으로 진열하는 데 반해 애플 스토어는 소비자의 행동 패턴을 중심으로 공간 배치를 했다. 가령 영화 구역에서는 여러 컴퓨터와 소프트웨어로 동영상을 구현하기 쉽게 꾸몄고, 음악 구역에서는 관련 작업을 쉽게 경험하도록 설계했다. 이는 애플 스토어가 제품을 판매하는 곳에 그치지 않고 소비자에게 제품을 직접 경험할 수 있는 체험 공간으로 기능하기를 원

애플 스토어 내부

했기 때문이었다.

넷째, 매장을 방문한 고객들이 최고급 호텔에서나 받을 수 있는 특별한 서비스를 누릴 수 있도록 했다. '지니어스 바'를 만들어 맥에 능통한 직원들이 소비자가 원하는 것이면 아무리 사소한 것이라도 정성을 다해 들어주도록 한 것이다. 호텔에 처음 간 손님들이 이용에 불편이 없도록 직원들이 친절하고 세세하게 설명하듯이, 애플 제품에 문외한인 사람도 금세 능숙하게 사용할 수 있도록 도움을 주었다.

즉 애플 스토어는 애플이 잘하는 것을 회사 내부에서 외부로 확장한 것이다. 애플은 하드웨어와 소프트웨어, 콘텐츠를 통합해 판매함으로써 편리하고 재미있는 경험을 소비자에게 제공해왔다. 제품의 판매를 높이려면 소비자가 제품을 처음 접하는 순간부터 애플만의 독특함을 강렬한 인상으로 남기는 것이 관건이었다.

그러자면 제품과 소비자를 만나게 해주는 교두보 역할을 하는 유통을 남에게 맡기면 안 되었다. 이런 관점에서 보면 애플은 유통에 진출한 게 아니라 통합 서비스의 구멍 하나를 메운 것이라고 할 수 있다.

모두의 예상과 달리 돈이 많이 들어간 사치스러운 애플의 매장에서 이익이 나기 시작했다. 2004년부터 흑자로 돌아섰고, 매출과 이익은 가파르게 증가하고 있다. 단위 면적당 매출은 귀금속 매장인 티파니의 두 배에 이를 정도로 성공적이다. 더 중요한 것은 애플 스토어가 애플의 브랜드 인지도를 높여주는 데 크게 기여하고 있다는 점이다.

물론 애플 스토어는 아이팟과 아이폰의 성공으로 더 큰 성과를 냈다. 하지만 아이팟이 출시되기 전에도 다른 컴퓨터 매장에 비해 훨씬 많은 고객이 방문한 걸 보면 잡스의 통찰이 적중했다고 볼 수 있다.

애플 스토어로 애플은 더욱 독특한 기업이 되었다. 그래서 남들이 결코 모방할 수 없게 되었다.

이처럼 진정한 차별화는 나만의 강점과 무기를 키워서 얻는 것이다. 많은 기업들이 경쟁사와 시장을 분석해 차별화된 제품을 만들어낸다. 하지만 그것 역시 모방에 지나지 않는다. 차별화는 남에게서 나오는 게 아니라 나만의 특별한 경험과 축적된 역량에서 비롯되었을 때 따라 할 수 없는 것이 된다.

그럼에도 불구하고 여전히 많은 기업들이 '나'가 아닌 '남'을 보는 현실이 안타까울 뿐이다.

1등이 될 수 없는 기업의 조건

기업은 경쟁 속에 놓여 있다. 경쟁이라는 것은 끊임없이 남과 비교하며 달린다는 의미다. 기업이 시시때때로 주변의 눈치를 보는 건 당연한 일인지도 모르겠다.

개인이나 기업이나 1등의 성공 비결을 벤치마킹해 배운다. 또 문제를 해결하기 위해 컨설팅업체에 의뢰를 하기도 하는데 이는 시장에서 가장 잘하는 기업의 프랙티스를 도입하는 것이다. 기업의 체질을 바꾸는 혁신 활동 역시 대부분 문제 해결에 초점을 맞춘다. 이때 문제란 1등과 우리 회사의 수준 차이를 뜻한다. 그리고 이 차이를 줄이는 활동이 바로 문제 해결이다. 생산성 개선 같은 혁신 활동도 예외 없이 자사의 부족한 점을 선두기업과 비교해 방향을 수정하는 방식이다. 그뿐만 아니라 기업이 추구하는 목표 역시 경쟁사와의 비교에서 만들어지는 것이다.

이처럼 기업은 1등의 우수한 점과 비교했을 때 자사가 잘 못하는 것을 찾는 활동에 대부분의 예산과 시간을 낭비한다. 이는 강점을 키우는 게 아니라 약점을 수정, 보완하는 것이다.

다시 자동차 업계의 시장조사에 대해 생각해보자. 신뢰성, 안전성, 디자인, 서비스, 연비, 가격 등에 대한 시장조사를 한 결과, 디자인과 서비스에서 낮은 점수가 나온 회사가 있다. 이 회사는 디자인과 서비스 수준을 높이기 위한 활동에 들어갈 것이다. 사실 이 회사는 신뢰성과 연비에서 높은 점수를 받았다. 그렇지만 잘하는 것은 손을 놓고 약점을 고치는 데만 집중할 것이다.

시장조사뿐만 아니라 객관적인 수치로 결과가 나오면 강점을 더 살리기보다 약점을 고치는 활동에 집중할 가능성이 높다. 영어 점수는 높고, 수학 성적은 낮은 성적표를 받았을 때 수학에 집중하는 학생이 많은 것과 같은 이치다.

물론 약점을 보완해야 하는 경우도 있다. 기본에도 미치지 못할 정도의 수준에 해당하는 경우가 그렇다. 소비자가 만족하는 최소한의 수준에도 미치지 못한다면 그것은 고쳐야 한다. 그러나 이건 후진국 기업에나 해당된다.

아마 해방 이후 우리가 선진기업에 비해 부족한 것을 메꾸는 식의 발전을 해왔기 때문에 타성에 젖어 같은 방식을 고수해왔는지도 모른다. 줄곧 남들에 비해 못하는 것만 찾아왔으니, 우리가 잘하는 것을 생각하지 않는 것은 당연하다.

하지만 이제 생각을 바꿔야 한다. 우리가 잘하는 것에 눈을 돌리고, 강점을 발전시키기 위해 노력해야 한다. 그러기 위해서는 우리에게 제일 먼저 필요한 것은 어쩌면 자신감인지도 모르겠다.

자부심과 신념에서 발휘되는 창의성

애플의 과거로 잠깐 돌아가 보자.

애플 II의 성공으로 주식이 상장되었을 때 수많은 직원들이 큰돈을 벌었다. 그런데 그중에서 잡스의 어린 시절 친구이자, 창업에 참여했던 대니얼 콧키는 주식을 한 주도 받지 못했다. 콧키는 잡스가 아타리에서 번 돈으로 인도를 여행할 때 동행한 친구이며, 차고 시절부터 애플에 합류해 일했던 사람이다. 그러나 잡스는 창업 멤버라는 감상적인 이유로 지분을 줄 수는 없다고 단호하게 말했다. 콧키는 이 문제를 가지고 잡스와 크게 싸우기도 했고, 눈물로 호소하기도 했지만 소용없었다. 잡스에게 그는 애플 컴퓨터가 성공하는 데 기여를 하지 못한 사람으로 인식된 것 같다.

결국 마음 약한 워즈니악이 자신의 지분 중 일부를 대니얼 콧키에게 넘겨주었다. 잡스는 워즈니악의 이런 태도가 너무 순진하다며 비아냥거렸다.

내가 말하고 싶은 건 이 사건이 아니다. 그 이후에 일어난 일이다. 잡스에게 배신당하고 철저히 무시당했던 콧키, 분명히 잡스에게 앙금이 남아있을 법도 하다. 하지만 잡스가 매킨토시 팀원을 모집했을 때 콧키도 참여했다. 참으로 이해하기 어려워 콧키의 인간성을 의심해보게 될 정도다.

물론 콧키는 극적인 예라고 할 수 있다. 잡스가 돈을 많이 주는 것도, 성격이 좋아서 따뜻하게 대하는 것도 아니다. 오히려 같이 일했을 때 모욕을 당하기 일쑤고, 업무에 대한 엄청난 압박감에 스트레스에 시달리는 일이 더 많았다. 그럼에도 많은 사람들이 잡스와 일하기를 바랐다. 이처럼 잡스는 사람을 끌어들이는 데 탁월한 역량을 가지고 있었다.

그는 어떤 매력이 있는 걸까.

그건 잡스와 함께 일을 하는 게 세계 최고의 집단에서 일을 한다는 의미였기 때문이었다. 그들은 아무리 힘들어도 '최고'라는 자부심을 가질 수 있었다. 잡스는 객관적인 평가와 상관없이 스스로 최고라고 생각했다. 누가 봐도 애플보다 IBM이 규모가 더 큰 기업이었지만, 쓰레기 같은 제품을 만드는 회사라고 잡스는 무시했다. 이런 강한 확신은 주변 사람에게 그대로 전염되었다. 매킨토시 팀원들이 해적 깃발을 꽂는 등 기이한 행동을 할 수 있었던 것은 분명 잡스의 자부심과 신념이 투영되었기 때문이었다.

애플의 창의성은 바로 여기에서 나온다. IBM과 비교해 '우리가 이것밖에 안 되는데'라고 생각했다면 애플의 전략적 자유도와 창의성은 100분의 1로 줄어들었을 것이다.

애플처럼 모방이 어려운 차별화, 독창성을 이끌어내려면 내 것을 키워야 한다. 그러려면 무엇보다 자신감이 있어야 한다. 자신감이 없으면 내가 얼마나 잘하는지, 나의 강점을 발견하지 못하기 때문이다. 그러면 계속 1등의 그림자만 보며 갈 수밖에 없다.

창의성에 대한 연구의 기초를 닦은 심리학자 에이브러햄 매슬로는 창의적인 사람을 이렇게 표현했다.

"미래를 잊고, 현재에서 임기응변할 줄 알고, 현재에 모든 관심을 쏟을 줄 아느냐에 따라 지금 당장 창조성을 발휘할 수 있는지 여부가 결정된다. 미래에 대한 생각을 내던져버리고, 예측도 내던져버리는 이러한 능력이 창의성의 전제가 된다."

이 말은 곧 창의적인 사람은 확신이 있는 사람이라는 의미다. 매슬로가 마치 잡스를 보고 말하는 것 같다. 흔히 창의성은 머리에서 나오는 줄 알고 있다. 그래서 창의적으로 생각하는 방법이나 일하는 기법을 익히기도 한다. 그런데 그런 것을 익힌다고 창의적으로 변화되지는 않는다. 창의성이야말로 머리가 아니라 배에서 나오기 때문이 아닐까.

. . .

매년 수천 마리의 새들이 애플로 인해 뜻하지 않은 죽음을 당한다고 한다. 애플 스토어 유리벽에 머리를 부딪혀 죽기 때문이다. 대부분의 애플 스토어는 입구 쪽 벽면 전체를 투명한 유리로 장식해서 내부가 훤히 보이게 디자인되어 있다. 그래서 뉴욕에 있는 한 매장에서는 할머니가 유리가 있는지 모르고 들어가려고 하다가 머리를 부딪혀 코가 부러지기도 했다. 그녀는 변호사를 통해 이런 이유를 들며 100만 달러의 소송을 제기했다.

"애플은 멋지고 현대적인 매장을 만들어 기술 분야의 고객을 끌어들이고 있습니다. 하지만 첨단 기술을 상징하는 이런 건축물이 몇몇 사람들에게는 위험이 될 수 있다는 것도 알아야 합니다."

참으로 황당한 사건이었다. 하지만 잡스의 독특한 생각과 기행, 뜻하지 않은 애플의 성공이 사람들에게 준 충격에 비하면 아무것도 아니다. 특히 유통업계에서는 애플 스토어의 성공이 할머니의 애플 소송만큼이나 황당한 일이 아니었을까.

애플이 유통에 진출한다고 했을 때 비즈니스 전문가들은 모두 실패할 거라고 확언했다. 하지만 애플은 그런 의견에는 아랑곳하지 않고 애플 스토어를 열었다. 지금까지 연 컴퓨터 소매점 중에 살아남은 곳은 애플이 유일하다. 남의 눈치를 보지 않고 잘할 수 있는 데 집중한 결과다.

우리는 그동안 못하는 부분을 잘하기 위해 애쓰면서 발전해왔다. 못하는 부분을 고치기가 훨씬 쉽고 가시적인 효과도 빠르기 때문이다. 더 근본적인 이유는 잘하는 기업과 비교하는 데 익숙했기 때문이다. 그러면 선두기업에 비해 당연히 약점이 두드러지게 되고, 자연스레 그것을 고치는 데 치중할 수밖에 없다.

눈치를 본다는 것은 스스로 한계를 설정하는 행위다. 남들의 눈치를 보지 않았던 애플은 한계가 없었기에 오늘날처럼 성장할 수 있었다. 애플에서 배울 수 있는 점으로 '잘하는 데 집중한다'보다 '눈치를 보지 않는다'에 더 큰 의미를 두는 것도 이 때문이다. 소수의 마니아 고객이나 상대하던 애플이었지만, 그 시절에도 잡스는 남들의 시선에 아랑곳하지 않았다. 오히려 우주에 흔적을 남기자는 포부를 가지고 일했다.

기업의 크기는 CEO의 크기만큼 커진다. 더 정확히 말하면 기업은 CEO의 배포만큼 커진다. 잡스가 벤처기업을 경영할 때도 세계와 우주를 품고 있었기에, 기회가 왔을 때 자연스럽게 세계에서 가장 영향력 있는 기업으로 도약할 수 있었다.

비록 기업은 아니지만 우리나라 사람들은 이런 점에서 많은 가능성을 보여주었다. 데이터를 제시하며 증명할 수는 없지만 김연아 선수가 2010년 밴쿠버 동계올림픽에서 딴 금메달은 월드컵의 영향이라고 생각한다. 2002년 월드컵에서 4강에 들어간 이후 신세대들의 세계관이 이전과 180도 바뀌었다. 2002년 이전까지는 주변국이라는 인식이 팽배해 우리가 세계의 중심이 될 수 있다는 사실에 대해 의심했다. 선진국과 비교했을 때 모든 면에서 열등하다는 콤플렉스가 있었고, 중국과 일본, 미국 등 열강의 틈바구니에서 스스로의 한계를 설정했다. 그러다 보니 이 한계를 넘어서기는 거의 불가능했다.

하지만 2002년 월드컵을 겪은 세대들은 달랐다. 그들은 '까짓 거 세계 최고가 되는 거 아무것도 아니네'라는 생각을 한 최초의 세대였다. 이런 분위기가 지속되면서 그동안 도전조차 하지 못했던 피겨스케이트나 수영 같은 종목에서 금메달이 나온 것이다. 마찬가지로 전 세계적인 한류 열풍 역시 한계를 없앴기 때문에 가능했던 것이다.

현재 일본은 반대 상황을 맞고 있다. 일본 기업은 점점 위축되고 있다. 아직도 일본 기업의 기술은 세계 최고이고, 그들만의 핵심역량이 있다. 그럼에도 불구하고 세계 경제에 미치는 일본의 영향력은 점차 줄어들고 있다. 왜 그런 걸까.

일본 전문가에게서 그 이유를 들었다. 요즘 일본 젊은이들은 태어나면서부터 불황이나 침체라는 부정적인 단어에 많이 노출되면서 성장해 기를 펴지 못하고 주눅 들어 있다는 것이다. 이런 심리에 한창 일할 젊은이들이 젖어 있어 역량을 충분히 발휘하지 못하게 된 것 같다고 분석했다. 일본이 프로축구를 출범한 이래 기술이나 역량에서 상당히 앞서 나갔지만 주요 경기에서 우리나라만 만나면 깨지는 것도 이런 이유가 아닐까.

이제는 우리도 눈치 볼 필요 없다. 이미 잘하는 게 많으니까. 이미 글로벌 강자가 된 기업도 여럿 나오고 있다. 더 이상 애플이 잘한다고 해서, 누가 돈을 많이 벌었다고 해서 그쪽에 눈 돌릴 이유가 없다. 그냥 우리 내면의 소리를 들을 때다. 우리가 잘하는 것에 집중하고, 힘을 쏟을 때다.

One more thing

나 달 과   애 플 의   공 통 점

나는 테니스 선수 라파엘 나달의 팬이다. 화려한 그의 테니스 실력에 항상 감탄하며, 나달의 경기는 웬만하면 챙겨보는 편이다. 그런데 나달과 애플이 닮은 점이 많은 것 같아 그 이야기를 하려고 한다. 2012년 프랑스오픈 이야기부터 시작해보자.

나달은 2012년 6월 프랑스오픈에서 우승했다. 특히 지난해에 결승전에서만 6연패를 당한 세계 랭킹 1위 노박 조코비치를 꺾고 우승한 승리는 더욱 달콤해 보였다. 26세의 나이에 11번의 그랜드슬램 대회에서 우승해, 최다 그랜드슬램 타이틀로 135년 테니스 역사상 4위에 오르는 위업을 달성했다.

그런데 연이어 벌어진 윔블던에서는 무명선수에게 져 2회전에서 탈락하는 수모를 겪기도 해 테니스계를 놀라게 했다. 나중에 알려진 사실이지만, 나달은 프랑스오픈 당시에도 심각한 무릎 부상을 안고 뛰었다고 한다. 윔블던 이후 나달은 경기에 나가지 않았고 부상을 치료했다.

나달이 컨디션이 나쁘거나 심지어 심각한 부상을 당했을 때도 탁월한 성적을 기록하는 것은 아주 독특한 타법을 구사하기 때문이다. 나달은 공의 방향과 라켓이 거의 수평이 될 정도로 극단적으로 빗겨 친다. 그래서 그의 스트로크는 분당 6,000번 회전하는 강한 탑스핀topspin을 만들어낸다. 보통 선수들의 서너 배라고 한다. 탑스핀으로 친 공은 야구의 변화구처럼 높이 날아가다가 뚝 떨어진다. 이 타법은 네트에 걸리거나 라인 바깥쪽으로 나갈 확률이 적기 때문에 안정적이다. 하지만 탑스핀은 공을 비스듬히 때리는 것이므로 속도가 느리다. 나달은 탑스핀의 약점을 보완하기 위해 근력을 강화했다. 공에 가해지는 힘을 키우기 위해서였다. 그래서 안정적이면서도 시속 160킬로미터의 강력한 공을 칠 수 있게 되었다.

이처럼 강력한 탑스핀을 구사하기 때문에 실책이 다른 선수들의 절반도 되지 않는다. 그래서 지난 프랑스오픈 때처럼 컨디션이 나쁠 때나 부상을 당했을 때도 실수를 최소화해 결승전까지 버틸 수 있다.

사실 나달은 포핸드밖에 칠 줄 몰랐다. 스페인 마요르카 섬의 소도시 마나꼬르에서 네 살 때 테니스를 시작한 나달은 고향을 떠나지 않고 코치였던 삼촌 밑에서 오직 포핸드만을 연습했다. 꾸준히 연습한 결과 나달은 안정적이면서도 강력한 포핸드를 자유자재로 구사하게 되었다. 발이 빠른 나달은 백핸드 쪽으로 공이 오더라도 두 걸음 더 뒤로 뛰어 포핸드로 공을 치곤했다. 세계랭킹 1위에 올랐던 2008년까지만 해도 나달이 백핸드를 치는 모습은 좀처럼 보기 어려웠다.

보통 선수들은 백핸드가 약하면 백핸드 연습을 많이 한다. 하지만 나달은 다른 사람들을 신경 쓰지 않고 자신이 잘하는 포핸드에만 집중했다. 그래서 상대편 선수들은 호시탐탐 나달의 백핸드를 공략하기 위해 기회를 엿보았지만 쉽지 않았다. 나달의 포핸드가 워낙 정교하고 강해서 그 공을 받아내는 데 급급했기 때문이었다. 나달의 백핸드 쪽으로 공을 보낼 수가 없었다. 결국 나달은 자신의 강점을 더욱 발전시켜 세계랭킹 1위에 올랐고, 역사상 가장 독특한 테니스를 치는 선수가 되었다.

나달과 애플이 닮았다고 하는 게 바로 남의 눈치를 안 보고, 강점을 발전시켜 세계 1위가 되었다는 점이다.

애플을 변화에 능한 기업이라고 말하는 사람들이 있다. 컴퓨터에서 MP3 플레이어로, 멀티미디어 기기에서 다시 휴대폰으로 계속 영역을 바꿔왔기 때문이다. 그러나 아이러니하게도 애플의 혁신은 변하지 않는 것이 원동력이다.

애플은 창업 초기부터 디자인과 소프트웨어, 멀티미디어 기술에 강점을 가지고 있었다. 이는 잡스의 취향이 반영된 것으로 컴퓨터를 전자 기기가 아닌 예술품으로 간주했기 때문이었다. 어릴 때부터 음악을 좋아했던 잡스는 멀티미디어를 무엇보다 중시했다. 잡스가 애플에서 쫓겨나 넥스트 컴퓨터를 창업했을 때도 비싸서 잘 팔리지는 않았지만 뛰어난 디자인과 탁월한 소프트웨어를 갖춘 제품을 만들었다. 애플에 복귀한 후 만든 아이맥 역시 디자인이 혁신적이었다.

결국 아이팟과 아이폰은 잡스에서 비롯된 애플의 강점이 컴퓨터가 아닌 멀티미디어 기기로, 또 휴대용 통신기기로 구현된 것이다. 이렇게 애플은 시장 흐름과 관계없이 자기만의 길을 걸어왔기 때문에 지금과 같은 혁신기업이 될 수 있었다.

그동안 우리는 남들에 뒤처진 약점을 고치는 데 집중했다. 그들을 넘어서 남다른 가치를 창출해야 하는 지금, 밖을 쳐다보지 말고 안을 바라보는 것은 어떤가. 우리가 잘하는 것에 집중하고 내 것을 발전시키는 것이 차별화의 첫걸음이라는 것을 나달과 애플이 알려주고 있다.

나달이 14세가 되던 해 스페인 테니스 연맹은 그의 가능성을 보고 전폭적인 지원을 약속했다. 그들은 나달에게 마요르카를 떠나

바르셀로나의 테니스 아카데미에서 최신 기술을 배우라고 조언했다. 대부분의 스페인 유망주들이 그곳에서 실력을 키우고 있었다. 그러나 코치이자 삼촌인 토니 나달은 가지 않기로 결정했다. 훗날 그는 그때를 회상하며 말한다.

"훌륭한 선수가 되기 위해 반드시 미국에 갈 필요는 없습니다. 재능이 있고 꾸준히 노력하면 어디든 상관없어요. 지금 생각하면 잘한 선택이었어요."

만약 나달이 바르셀로나에 가서 남들과 똑같은 테니스를 배웠다면 지금처럼 창의적인 테니스를 할 수 없었을 것이다. 뛰어난 선수는 되었겠지만, 테니스 역사에 기록되는 선수가 되지는 못했을 것이다.

Chapter 4.

계획의 실패, 무계획의 성공

애플은 상황 대처 능력이나 임기응변이 뛰어난 회사다. 그래서 환경 변화에 재빨리 적응할 수 있었고, 중요한 순간에 기회를 거머쥘 수 있었다. 이는 애플이 시장을 분석하기보다는 직관적으로 느끼기 때문이다.

애플은 미래에 대해 구체적인 계획을 세우지 않고, 현재 소비자가 원하는 놀라운 제품을 만드는 데 힘을 집중했다. 이성보다는 감수성으로 승부했다.

애플이 눈치를 보지 않은 것도 직관을 중요시하기 때문이다. 전문가들의 의견이나 언론의 전망, 고객의 소리라고도 할 수 있는 시장조사 기관의 분석적 조언은 모두 상황을 합리적 이성으로 분석한 결과다.

애플은 이런 의견을 무시하고 자신의 감수성에 의지했다. 그리고 가시적인 데이터로 증명할 수는 없지만 시장에서 일어나고 있는 작은 변화에 민감하게 반응했다.

예민하고 변덕이 심한 잡스의 성격에 그동안 단련이 되어서인지 애플은 항상 촉각을 세우며 상황에 맞게 빠르게 변화했다. 그래서 잡스는 본의 아니게 자신이 한 말을 번복하는 일이 잦았으며 급기야 거짓말쟁이라는 평가를 받게 된다. 하지만 애플은 그 덕분에 성공했고, 거짓말쟁이라는 말은 명예로운 별칭이 되었다.

잡스의 6가지 거짓말

애플은 언론에 많은 관심을 받고 있다. 시시각각 애플 관련된 소식에 모두 눈과 귀를 모으고 있지만 정작 애플은 회사나 신제품에 대한 정보를 통제하는 것으로 유명하다. 엄격한 보완 유지 때문에 더 관심을 받는지도 모르겠다.

언론에서는 때마다 잡스와 인터뷰를 하기 위해 애를 썼다. 그래서인지 잡스는 생전에 언론에 나와 신제품에 대한 생각이나 애플의 방향에 대해 인터뷰를 자주 했다. 그러나 출시된 제품을 보면, 그의 말과 다른 경우가 많았다.

이에 대해 일각에서는 잡스가 사실과 다른 거짓 정보를 흘려 시장을 혼란스럽게 한다는 비난을 하기도 했다. 심지어 어떤 매체에서는 그가 교활한 거짓말을 했다고 보도하기도 했다. 잡스가 했다는 주요 제품에 대한 거짓말은 무려 여섯 가지나 된다. 어떤 것인지 간략하게 소개할까 한다.

1. 태블릿 PC를 만들 생각이 없다.

아이패드가 유례없는 성공을 거두었으므로, 이것이 가장 큰 거짓말로 평가되었다. 잡스는 2003년 한 컨퍼런스에서 애플은 태블릿 PC를 만들 계획이 없다고 공언했다.

"사람들은 키보드를 원하고 있습니다. 우리는 태블릿을 검토했는데, 실패할 것으로 판명되었지요."

물론 아이패드가 나오기까지 7년 동안 컴퓨터 업계에서는 많은 일들이 일어났다. 하지만 애플은 그 후로도 오랜 시간 태블릿을 연구했다는 사실이 드러났다. 더구나 1년 뒤인 2004년에는 터치스크린을 이용하는 태블릿을 특허 내기도 했다. 태블릿은 애플 초창기부터 잡스가 관심을 기울였던 사업이었다.

2. 가격이 싼 태블릿 PC를 만들지 않을 것이다.

잡스는 2008년 증권사 애널리스트들과 가진 성과 발표 자리에서 태블릿 PC의 가격을 높게 책정할 것이라고 장담했다.

"만약 500달러짜리 컴퓨터를 만든다면 그건 완전히 쓰레기 같은 제품이 될 겁니다."

이 말을 근거로 시장에서는 아이패드의 가격을 1,000달러로 예측했다. 하지만 출시된 아이패드의 기본형 가격은 500달러였다.

3. 휴대폰 사업에는 관심이 없다.

위에 언급한 컨퍼런스에서 잡스는 애플은 휴대폰 사업과 잘 맞지 않는다고 말했다.

"PDA 사업에 대해 고민을 많이 했습니다. 사람들은 PDA에서 정보를 얻는데, 곧 휴대폰이 이런 역할을 할 거란 말이지요. 그렇다고 우리가 휴대폰 사업을 잘할 것 같지도 않구요. 우리가 잘하는 것은 기기를 연결해서 정보를 자유로이 관리하는 소프트웨어를 만드는 겁니다. 그래서 PDA 대신에 아이팟을 선택했지요."

물론 새로운 형태의 휴대폰을 만들 계획이 없다고 발언한 것은 아니다. 하지만 이 이야기를 들으면 누구나 애플이 휴대폰 사업에는 관심이 없다고 생각할 것이다.

4. 전자책 사업은 전망이 나쁘다.

2008년 잡스는 〈뉴욕타임스〉와의 인터뷰에서 전자책용 킨들은 만들어봤자 팔리지 않을 거라고 전망했다.

"킨들 제품과 관계없이 사람들이 더 이상 책을 읽지 않는다는 게 핵심입니다. 40퍼센트의 미국인들은 작년에 책을 한 권도 읽지 않았어요. 제품이 문제가 아니라니까요."

하지만 아이패드를 소개하면서 이 말을 뒤집었다. 불과 2년만이었다. 전자책을 쉽게 읽을 수 있는 소프트웨어를 소개하면서 인터뷰와는 전혀 다른 말을 했다.

"아마존은 전자책 킨들을 개척하는 대단한 일을 했습니다. 아이패드는 그들의 혁신을 이어받아 앞으로 더 나아가려고 합니다."

5. 아이팟에 작은 스크린은 불필요하다.

2003년 컨퍼런스에서 누군가 아이팟에 비디오 기능을 추가할지에 대해 질문을 하자, 잡스는 전혀 그럴 계획이 없다고 대답했다.

"저는 사람들이 그렇게 작은 스크린에서 영화를 볼 거라고 생각하지 않아요. 문제는 음악이죠. 음악에 집중해야 합니다."

그 말을 한 지 2년 후, 애플은 아이팟에 2.7인치 비디오 스크린을 집어넣었다. 그리고 2007년에는 아이팟 나노에 더 작은 스크린을 장착했다.

6. 아이팟에 새로운 기능 추가는 없다.

2009년 잡스는 아이팟에 카메라를 넣지 않는 이유에 대해 질문을 받았다. 그는 아이팟은 상대적으로 저렴한 가격을 유지할 예정인데, 카메라를 장착하면 그만큼 가격이 오르기 때문이라고 대답했다. 그러면서 가격을 200달러 이하로 유지하는 게 핵심이라고 했다.

그러나 그 이후에 출시된 아이팟 터치에는 카메라가 달려 나왔다.

이렇게 많은 거짓말을, 그것도 중요한 제품과 관련해 거의 반대되는 내용만 말했으니 언론에서 잡스를 믿지 못할 만도 하다.

그러나 다르게 생각할 수도 있다. 정보 유출을 병적으로 싫어한 잡스가 고의로 그랬을 수도 있지만, 워낙 변덕스러운 그의 성격을 감안하면 잡스는 인터뷰할 때 실제로 그렇게 생각했을 가능성이 더 높다.

사실 잡스는 미래를 정교하게 계획하는 사람이 아니었다. 또 과거의 계획에 구애받지도 않았다. 그러니 자신이 언론에서 어떻게 말했는지를 기억하거나 또 그것을 지키려고 노력하는 것은 오히려 잡스답지 않다. 그는 항상 현재에 집중했다. 상황에 따라 생각을 바꾸기도 하고, 이전과 전혀 다른 행동을 하는 등 모든 것에 유연했다.

위에 나온 거짓말에 태블릿에 관련된 내용이 많다. 과연 태블릿에 대한 생각이 어떻게 변했는지 살펴보자.

애플의 6가지 변심

2001년 마이크로소프트는 태블릿 PC를 발표하면서, 노트북을 대체할 것이라고 야심차게 예언했다. 그뿐만 아니라 태블릿용 윈도우를 개발해 운영체제까지 선보였다. 이런 분위기에 힘입어 HP를 비롯한 많은 컴퓨터 제조업체에서 잇따라 태블릿을 출시했다.

이런 상황은 잡스의 경쟁심을 자극했다. 태블릿 PC라는 새로운 영역에서 우위를 빼앗기고 싶지 않았다. 그는 직원들을 모아놓고 이렇게 말했다.

"태블릿 컴퓨터를 만듭시다. 그런데 키보드나 스타일러스펜이 딸려 있어서는 안 됩니다. 손가락으로 스크린을 터치해 입력하는 제품을 만들어보세요. 진짜 태블릿이 어떤 건지 보여줍시다."

이때부터 애플은 멀티터치 기술을 개발하기 시작했다. 그 이후 외부 업체 인수를 통해서 멀티터치 기술을 발전시켰다는 내용은 1장에서 살펴보았다. 태블릿 PC를 만들 계획이 없다고 말한 건 멀티터치 기술을 개발하기 시작할 무렵인 것 같다. 당시 상황을 살펴보면,

새로운 기술을 개발하고 있으면서 시장을 교란시키기 위해 거짓말을 한 것은 아니라고 생각한다. 태블릿은 잡스가 애플 초창기 때부터 욕심내던 제품이었다. 그러나 시장에서 성공할지에 대한 확신은 없었다. 다른 업체들이 만든 태블릿이 모두 실패하는 마당에 애플에서 생산했기 때문에 다를 것이라고 생각하지는 않은 것 같다. 다만 다른 회사 제품에서 참고할 것은 많았다.

우선 마이크로소프트의 제품을 비롯해 출시된 태블릿 PC의 가격이 너무 비쌌다. 노트북보다 두 배가 넘는 고가로 출시되었다. 하지만 스타일러스펜을 사용하는 태블릿은 노트북보다 사용하기가 불편했다. 휴대하기 편하다는 점을 제외하면 소비자가 찾을 이유는 별로 없었다.

당시 나온 태블릿은 그냥 들고 다니는 PC였다. 잡스는 스타일러스가 문제의 핵심이라고 파악했다. 펜 앞부분에 전류가 통하는 고무로 되어 있어 그림이나 글자 입력에 정교한 스타일러스는 마우스가 할 수 있는 기능은 모두 구현할 수 있다. 그래서 스타일러스를 사용하려면 기존 PC의 운영체제를 그대로 써야 했다. 문제는 스타일러스가 작은 화면에서 정교하게 사용하기에 불편하다는 것이었다. 굳이 비싼 돈을 들여 화면이 작은 PC를 불편하게 이용할 사람이 누가 있겠는가.

잡스가 직원들에게 손가락만으로 사용할 수 있는 태블릿을 개발하라고 지시한 것은, 전혀 다른 용도의 제품을 만들겠다는 생각에서였다.

손가락 터치는 스타일러스에 비해 투박하기 때문에 제대로 입력하게 하려면 운영체제 인터페이스를 완전히 바꿔야 한다. 그러니 PC와 기본부터 전혀 다른 새로운 제품이 될 수밖에 없었다. 이때부터 태블릿 PC의 정체성을 소비자가 가지고 놀 수 있는 제품으로 잡은 것 같다.

그러기 위해서는 기존 제품보다 가격도 낮아져야 하는데, 당시 기술로는 더 저렴하고 전혀 다른 태블릿을 개발하는 것이 쉽지 않았다. 또 사람들이 그것을 정말로 원하는지 확신도 없었다. 아직 시장 여건이 만들어지지 않았다고 생각했던 것이다. 이런 상황이라면, 아무리 새로운 태블릿을 개발하고 있다고 해도 언론에 밝히는 건 무리였을 것이다.

그 후 터치스크린으로 출시된 아이폰이 성공하자, 자신감이 생겼다. 더욱이 저가형 넷북이 시장에서 반응을 보이자, 잡스는 드디어 태블릿을 낼 시점이 되었다고 판단했다. 그리고 준비해오던 아이패드를 시장에 내놓았다. 만약 2003년 인터뷰할 때의 환경이 변하지 않았다면 아이패드는 결국 출시되지 않았을지도 모른다. 그러니 잡

아이패드를 발표하는 잡스

스가 거짓말을 한 것은 아닌 셈이다. 환경이 바뀌어서 마음을 바꾼 것뿐이다.

물론 저가 태블릿을 만들 생각이 없다는 말은 어느 정도 거짓말이라고 생각한다. 2008년에는 이미 아이패드 개발이 들어간 시점이었고, 애초에 저가형 태블릿을 보급할 생각이었으므로, 비싼 컴퓨터 운운한 것은 진심은 아니었다.

그러나 이것도 시장을 교란시키고, 경쟁사에게 혼란을 주기 위한 것은 아니라고 생각한다. 다른 사람들이 자신의 행동을 정확하게 예측하는 것을 상당히 불쾌하게 생각하는 잡스가 애널리스트들이 속을 들여다보는 듯한 질문을 한 게 기분 나빠서 반대로 대답한 것은 아닐까.

나머지 언급은 대부분 거짓말이라기보다는 변심이라고 봐야 한다. 휴대폰 사업에는 정말 관심 없었던 것 같다. 더욱이 잡스가 휴대폰 사업에는 관심이 없다고 말할 당시에는 아이팟의 매출이 제대로 일어나고 있지 않던 때였다. 나중에 아이팟 판매가 늘어나면서 휴대폰에 의해 시장이 잠식될지도 모른다는 두려움에서 시작하게 된 것이다.

전자책 킨들에 대한 상반된 평가의 경우에도 주된 용도가 독서를 위한 제품이라면 매력이 없지만, 태블릿의 한 기능으로 전자책 읽기 기능은 유용하다고 생각한 것 같다. 아이팟에 작은 스크린과 카메라를 추가한 이유는 제품의 진화 과정에서 상황에 따른 대응을 한 결과라고 생각한다. 이것 역시 고의적인 거짓말이라고 보기는 어렵다.

이런 식으로 생각해보면 잡스의 여섯 가지 거짓말은 여섯 가지 변심이라고 해야 옳지 않을까.

물론 거짓말이 아니라는 결론에 억지로 짜 맞춘 듯한 느낌도 든다. 하지만 내가 말하고 싶은 것은 잡스의 거짓말에 대한 진실 여부가 아니다. 애플은 장기적인 전략이나 계획을 세우고 이를 실천하는 회사가 아니라는 점이다.

애플은 시장 환경에 따라 매우 쉽게 바뀌는 회사다. 특히 요즘처럼 불확실성이 심한 환경에서 이는 대단한 강점이다. 그리고 변심할 줄 아는 능력은 불과 10년 만에 소니와 애플 두 회사의 위치를 뒤바꾸었다.

디지털 라이프스타일을 꿈꾼 애플과 소니

2001년 1월, 잡스는 맥월드에서 '디지털 허브 전략'을 발표했다.

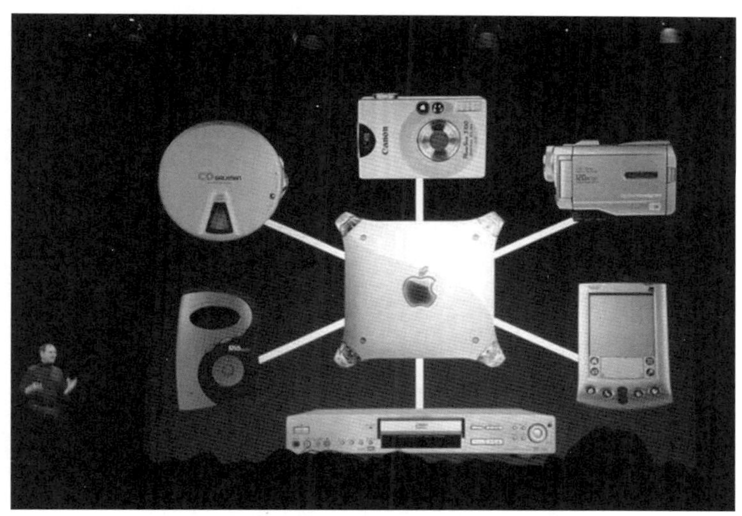

2001년 1월, 디지털 허브 전략을 발표하고 있는 잡스

다음과 같은 내용이었다.

"컴퓨터의 영향이 줄어드는 것 같지만, 우리는 지금 새로운 시대에 진입하고 있습니다. 컴퓨터는 생산성의 시대, 인터넷 시대를 지나 새로운 시대로 들어가고 있습니다. 바로 디지털 라이프스타일의 시대입니다. 앞으로 컴퓨터는 디지털 기기와 떼려야 뗄 수 없는 관계가 될 것입니다.

맥은 탁월한 소프트웨어로 모든 디지털 기기를 연결하는 디지털 허브가 될 것입니다."

당시 가전제품들은 모두 디지털 기기로 변해갔다. 휴대폰, 휴대용 CD 플레이어, MP3 플레이어, DVD 플레이어, 디지털 캠코더, 디지털 카메라 등 각종 디지털 기기가 쏟아져 나왔다. 사람들은 점점 디지털 기기로 삶을 즐기게 되었다. 이것이 바로 디지털 라이프스타일이다.

잡스는 앞으로 컴퓨터의 역할은 업무 보조 기기가 아니라 사람들에게 큰 즐거움을 주는 거라고 생각했다. 결국 '디지털 허브 전략'의 핵심은 디지털 라이프스타일의 중심에 맥을 두겠다는 것이다. 하지만 이런 예측을 애플만 한 것은 아니었다. 세계적인 기업 소니도 같은 곳을 바라보며 달리고 있었다.

소니는 애플보다 먼저 디지털 시대를 준비했다. 1995년 취임한

소니의 이데이 노부유키 사장

이데이 노부유키 사장은 '디지털 드림 키즈'라는 새로운 전략을 제시했다. 디지털 시대에 성장한 고객들에게 소니의 제품을 통해 꿈과 즐거움을 선사한다는 것이 주요 내용이었다. 구체적으로 소니의 다양한 디지털 제품을 서로 호환되도록 만들어 사람들이 쉽게 콘텐츠를 즐길 수 있게 하겠다는 생각이었다.

두 회사 모두 표현은 다르지만 궁극적인 목표점은 하나였다. 디지털 기기를 연결해 콘텐츠를 자유롭게 활용하도록 만들 것이고, 그 중심에 서겠다는 포부였다.

재미있는 것은 당시 애플과 소니의 상황이다.

애플은 거창한 전략을 제시했지만, 가진 거라곤 달랑 컴퓨터 하나와 그 안에 들어가는 소프트웨어 몇 가지뿐이었다. 방금 개발을 끝낸 아이튠스와 이미 가지고 있던 아이무비imovie, 아이DVD 등의 소프트웨어를 활용해서 타 회사의 디지털 음악기기, 캠코더, 카메라 등을 맥으로 연결시키겠다는 것이었다.

1장에서 이미 살펴보았듯이 애플의 '디지털 허브 전략'은 판매량이 줄어들고 있던 맥을 기사회생시키려는 고육지책에서 나온 방법이었다. '맥을 사세요. 맥에서는 여러분 기기를 더 잘 활용할 수 있어요'라는 메시지를 소비자에게 전한 것이다. 그러니 디지털 허브 전략은 곧 '맥 살리기' 운동이었다고 해도 과언이 아니다.

소니는 달랐다. 소니는 대부분의 디지털 기기를 생산해내고 있었고, 플레이스테이션 같은 게임기와 컴퓨터를 판매하고 있었다. 게다가 영화사와 음반사까지 소유하고 있어 소비자들에게 제공할 충분한 자체 콘텐츠까지 보유하고 있었다. 디지털 드림 키즈 전략은 소니가 가진 제품을 연결하는 것만으로 완성되는 실현 가능한 계획이었다.

똑같은 생각을 하고 있었지만 애플은 하나도 없었고, 소니는 다 가지고 있었다. 그러나 10년이 흐르면서 두 회사의 운명은 정반대로 바뀌었다. 무엇이 두 회사를 이렇게 만들었을까.

10년을 계획한 소니의 몰락

애플은 눈앞에 있는 현재에 집중했다. 그리고 시시각각 빠르게 흐르는 변화를 몸으로 느꼈다.

디지털 허브 전략으로 맥의 판매를 끌어올리기 위해 집중한 것이 음악관리 기능이었다. 당시 사용자들이 컴퓨터에서 제일 많은 시간을 들이는 활동이 음악 관련 작업이었기 때문이다. 인터넷에서 음악파일을 찾거나 CD에서 음악을 추출하고, 그것을 MP3 플레이어에 옮기는 작업에 컴퓨터를 활용했다. 애플은 음악을 관리하는 소프트웨어 아이튠스를 출시해 맥에서 음악관리를 쉽게 할 수 있도록 만들었다. 그 후 맥과 호환되는, 더 편리하게 사용할 수 있는 MP3 플레이어 아이팟을 출시했다.

그리고 컴퓨터에서의 음악관리 문제를 해결하자, 맥과 아이팟 고객들이 음악에 더 쉽게 접할 수 있도록 아이튠스 스토어를 출범시켰다. 그 후 아이팟의 판매가 늘어나자 윈도우용 모델을 출시했고, 아이튠스도 윈도우에서 사용할 수 있도록 개발했다. 어쩌다 보니 음악산업의 중심에 서게 된 것이다. 이는 잡스도 인정했다.

"우리는 음악을 파일 형태로 구매하면 정말 멋질 거란 생각으로 아이튠스 스토어를 출범했어요. 음악업계를 재편하려는 계획은 전혀 없었습니다. 모든 음악은 전자파일로 유통될 수 있는데, 왜 비용을 들여야 하느냐 말입니다. 음악업계 역시 이익이죠. 파일을 그냥 쏘아 보내면 되는데, 굳이 불필요한 비용을 들일 필요가 없게 됐죠."

얼마 지나지 않아, 아이팟 사업은 또 다른 문제에 직면한다. 디지털 컨버전스로 인해 음악 플레이어 기능이 휴대폰에 흡수될 전망이었기 때문이었다. 결국 휴대폰 사업을 시작할 수밖에 없었다. 그렇게 아이폰이 탄생되었다.

애플은 아이폰 고객에게 더 나은 서비스를 제공하기 위해 앱스토어를 출범시켰다. 그리고 아이폰처럼 앱스토어를 편리하게 활용할 수 있지만 노트북 기능까지 갖춘 아이패드를 만들었다. 이런 제품과 서비스들이 전 세계 소비자를 매료시켜 지금처럼 성장하게 된 것이다.

애초 애플의 디지털 허브 전략의 중심에는 맥이 있었다. 하지만 지금 애플의 디지털 허브는 맥이나 일반 PC에서 사용할 수 있는 아이튠스가 된 것 같다. 이 역시 의도하지 않은 결과다.

이처럼 애플은 디지털 허브 전략을 발표할 때만 해도 거창한 계획이 없었다. 당장 발등에 떨어진 문제에 집중해서 한 걸음씩 나아갔을 뿐이다. 그러다가 무계획의 영역에서 성공하게 되었다.

반면, 소니는 너무 먼 미래를 준비했다. 앞으로 펼쳐질 상황까지 이성적으로 따지고 분석했다.

소니는 1990년대 중반부터 향후 디지털 네트워크 시대가 도래할 것이라고 전망했다. 그리고 자사의 제품들을 연결해 사람들에게 더 큰 즐거움을 줄 계획을 세웠다.

첫째, 소니의 제품과 서비스를 연결하고자 했다. 콘텐츠와 유통, 디지털 기기를 모두 연결해 소비자들이 편리하게 소니의 제품과 서비스를 활용하도록 하겠다는 계획이었다. 소니는 영화, 음악, 게임 사업을 하고 있어서 소비자에게 제공할 콘텐츠가 풍부했다. 이런 콘텐츠를 유통하기 위해 위성방송 사업에 진출하고, 온라인 스토어를 만들었다.

전달된 콘텐츠는 가정에서 소니에서 나온 TV, 미디어 기기, 게임기 등을 통해 재생될 터였다. PC 사업에 뛰어든 것도 디지털 기기를 연결하는 데 컴퓨터가 없어서는 안 되기 때문이었다.

둘째, 연결된 제품과 서비스를 통해 시너지를 창출하고자 했다. 소니의 제품들이 서로 연결되면 히트 상품을 구매한 소비자가 그와 관련된 다른 제품도 구매할 것이라고 생각했다. 예를 들면, 소니의 카메라로 찍은 동영상이나 사진은 소니 PC에서만 쉽게 재생되고 프린트되도록 했다. 이것은 인기 제품인 카메라에 만족한 소비자가 PC도 구매하도록 연계하기 위함이었다.

셋째, 가정에서 소니의 제품이 중심이 되는 디지털 네트워크를 구축하는 것이 궁극적 목적이었다. 디지털 방송이나 지상파, 인터넷을 통해 들어오는 많은 정보를 가정에 있는 서버에 축적해서 소비자가 원할 때 이용하도록 하는 것이다. 그렇게 되면 소니 제품 속에서 소비자들이 생활하게 될 것이다. 즉 소니 왕국을 건설하자는 포부였다.

그러나 현실은 소니의 생각과 다르게 흘러갔다.

소니의 콘텐츠와 제품, 서비스를 연결하면 판매가 저조한 제품의 매출도 덩달아 높아질 줄 알았는데, 현실은 정반대였다. 취약한 제품이 인기 제품의 판매를 끌어내렸다. 또 소니의 컴퓨터에 연결해야만 사용 가능한 디지털 기기는 다른 컴퓨터를 가지고 있는 소비자에게는 무용지물이었다. 결국 인기 상품의 판매마저 줄어들게 되었다.

첫 번째 단계부터 소니가 구상한 계획이 어긋나기 시작하자, 다음 단계의 계획은 자연스럽게 물거품이 되고 말았다. 그런데도 소니는 오히려 제품과 서비스를 연결하는 계획에 더 집착했다. 이 단계가 완성되지 않으면 최종 목표인 3단계 계획을 실현할 수 없기 때문이었다. 소니는 디지털 시대에 적절히 대응하지 못해서 몰락의 길로 들어선 게 아니다. 오히려 반대다. 10년을 너무 구체적으로 계획했고, 지나치게 앞서나갔다. 디지털 시대를 너무 치밀하게 준비했기에 실패했다.

우리가 사는 세상은 항상 변화한다. 또 갈수록 불확실성은 점점 심화되고 있다. 이제는 단기적으로도 계획대로 실현되는 일은 별로 없다. 하물며 10년의 계획이야 말해 무엇 하겠는가.

계획의 진짜 역할

사실 계획은 미래를 정확하게 예측해서 구체적으로 실천하기 위한 것이 아니다. 계획이란 무엇인지, 그 본질을 이해할 수 있는 일화를 먼저 소개한다.

제2차 세계대전 당시 어린 장교가 이끈 헝가리군 정찰대가 겪은 믿지 못할 실화다. 이 정찰대는 알프스산맥을 가로질러 적진을 수색하는 임무를 부여받았다. 산맥을 넘어가던 중 갑자기 눈이 오고 바람이 불기 시작했다. 이틀 동안 계속된 눈보라로 길은 알아볼 수 없었고, 지형은 낯선 곳으로 바뀌었다.

결국 정찰대는 사방이 얼음과 눈으로 뒤덮인 험난한 산 속에서 길을 잃게 되었다. 어린 소대장은 당황했고, 부대원들을 죽음으로 몰아넣을지도 모른다는 생각에 공포에 휩싸였다. 하지만 소대장은 물론 소대원들도 아무것도 할 수 없는 상태였다. 그저 손 놓고 구조를 기다릴 수밖에 없었다.

그런데 다음날 뜻하지 않은 곳에서 행운이 찾아왔다. 어떤 소대원의 침낭에서 알프스산맥의 지도가 발견된 것이다. 정찰대는 환호했고 소대장은 너무나 기뻤다. 모두 불안감을 떨쳐버리고 지도에 의지해 눈보라를 뚫고 산맥을 탈출할 수 있었다. 소대원들이 그 지도 하나로 죽음의 문턱에서 살아나올 수 있었다.

부대로 귀환한 소대장은 지도를 가지고 있던 소대원에게 진심으로 감사의 마음을 표현했다. 그리고 소대를 구해준 지도를 다시 펴 보았다. 그는 지도를 보는 순간, 소스라치게 놀랄 수밖에 없었다. 눈앞에 펼쳐진 것은 알프스산맥이 아니라 피레네산맥의 지도였기 때문이었다.

조직심리학의 대가인 칼 와익이 이 일화를 학계에 소개했다. 그는 이 일화를 이렇게 해석했다.

"항상 위기에 빠지는 사람들은 행동하기 전에 모든 것을 생각하려고 합니다. 생각을 정리하고 가다듬는 습관은 문제가 있어요. 생각을 정리하는 동안에도 세상은 계속 변화하고, 분석은 뒤처지게 됩니다.

그래서 불확실한 환경에서 내가 경영자들에게 강조하는 것이 바로 행동입니다. 일단 행동하게 되면 생각에 살이 붙게 되고, 그 자체로 작동하게 됩니다. 난 경영자들에게 분석하기 전에 먼저 움직이라고 주문합니다.

내가 헝가리 정찰대의 이야기를 좋아하는 것은 아무리 낡고 쓸모없는 전략이나 계획이라도 사람들이 무엇을 해야 할지 움직이도록 도와줄 수 있다는 겁니다. 전략이 맞고 틀리고는 중요한 게 아니에요. 불확실한 상황이나 위기에서 리더들은 생각하기 위해서 행동해야만 합니다. 절대로 반대가 아닙니다.”

즉, 계획은 정확한 예측이 목적이 아니라는 말이다. 계획의 진짜 역할은 사람들을 움직이게 하는 것이다. 일반적으로 사람들은 모호함과 불확실성을 두려워해서 계획을 세워야 움직이기 때문이다. 헝가리 정찰대 역시 지도가 없었다면 움직이지 않았을 것이다. 그리고 끝내 얼어 죽었을 것이다. 비록 알프스산맥의 지도는 아니었지만 지도 한 장이 사람들을 움직이게 해서 난관을 해결할 수 있었다. 현재 문제에 집중하다보면 결국 해결책이 나타나게 마련이다.

계획은 이처럼 사람들을 움직이게 했으면 그 역할을 다한 것이다. 와익은 오히려 맹목적인 계획이 위험하다고 역설한다.

“기업들이 수립하는 계획은 지나치게 명확하고 구체적입니다. 그래서 사람들에게 현실에서 일어나고 있는 일들을 대부분 포함하고 있다는 환상을 심어줍니다. 결국 명확하고 구체적인 전략은 생각해보지 않은 사건이나 예측하지 못한 위험에 눈을 감게 만들지요. 그래서 금융위기처럼 예측하지 못한 일이 발생하면 행동을 미루고 우왕좌왕하는 상황이 발생하게 되는 겁니다.”

지나치게 치밀한 계획이 틀어졌을 때 소니가 당황한 이유를 충분히 짐작할 수 있게 해준다.

감수성으로 현재에 집중하라

소니는 원래 그런 회사가 아니었다는 게 안타깝다. 소니는 거창한 계획으로 성장하지 않았다. 과거의 소니는 소비자가 현재 무엇을 가장 즐겁게 여기는지에 집중했다.

소니의 최고 히트작인 워크맨도 그렇게 태어났다.

공동창업자 중 한 명인 이부카 마사루는 비행기로 출장을 자주 다녔다. 그는 1979년 오디오 개발 담당자에게 비행기에서 들을 수 있는 휴대용 고품질 플레이어를 만들어 오라고 지시했다. 기술팀은 저널리스트들이 사용하는 작은 테이프 레코더를 개조했다. 녹음 기능과 스피커를 없애고 스테레오 앰프를 달았다. 그리고 헤드폰을 꽂자 고음질의 사운드가 흘러나왔다. 출장을 마친 이부카는 다른 공동창업자인 모리타 아키오에게 그 기기를 건넸다.

모리타는 골프장에서 그 기기를 시험해보았다. 라운딩에 참여한 친구들에게 음악을 들려주자, 그 음질에 모두 놀랐다. 모리타는 '바로 이 제품'이라는 강한 직관이 생겼다. 주말을 지내고 경영회의에 들어가자마자 이 휴대용 기기를 상품으로 만들라고 지시했다. 특히 젊은이들을 대상으로 판매하면 성공할 것이라고 자신했다. 당시에는 그런 개념의 음악 플레이어가 존재하지 않아서 다른 사람들은 반신반의했다. 녹음 기능도 없는 플레이어를 누가 사겠느냐고 의문을 제기하는 사람도 여럿 있었다. 하지만 모리타는 확신에 차서 말했다.

"나는 휴가철에 십대들이 항상 라디오를 가지고 다니는 것을 보았습니다. 바다를 가든 산을 가든 상관없이 그들은 음악을 들으려고 큰 라디오를 가지고 다녔지요. 일본이나 미국이나 마찬가지에요. 젊은이들은 똑같습니다."

모리타는 운동하거나 놀거나 걸어 다닐 때 음악을 들을 수 있다는 사실에 젊은이들이 열광할 거라고 생각했다. 시장에서 테스트도 하지 않고 대량 생산을 지시했다. 가격도 십대들이 살 수 있을 정도로 적당한 수준으로 출시했다.

모리타의 예상대로 제품이 나오자 유례없는 성공을 거두었다. 워크맨은 소니 역사상 가장 많이 팔린 제품이며, 소니의 이름을 세계에 알렸다는 사실은 모두 잘 알고 있다.

즉, 소니는 현재 소비자들이 원하는 제품을 만들어 세계적인 기업이 되었다. 이성으로 분석하기보다는 감수성으로 현재를 느낀 결과였다.

소니나 애플의 경우를 통해서 불확실성이 커질수록 미래보다는 현재에 초점을 맞추는 게 현명하다는 사실을 알 수 있다.

. . .

"애플이 아이패드 같은 제품을 만들어낼 수 있었던 이유는 우리가 늘 기술과 인문학의 교차점에 서려고 노력했기 때문입니다."

2010년 1월, 아이패드 발표 행사에서 잡스가 마지막에 한 말이다. 그는 아이패드로 이메일을 보내고 구글 지도를 켜보고 사진, 비디오, 음악을 열어보는 등 여러 가지 시연을 한 이후 이 문장으로 제품 발표를 마무리했다. 1년 후 아이패드 2를 선보일 때도 똑같은 내용으로 발표를 끝냈다.

여기서 인문학이란 사람에 대한 관심을 말한다. 학문을 뜻하는 말이 아니다. 잡스는 애플이 사람들이 좀더 사용하기 쉽고, 재미있어 할 만한 제품을 만들려고 노력한다는 말을 하고 싶었던 것이다. '기술과 인문학의 교차점에 서려고 노력한다'는 말은 결국 소비자가 자연스럽게 접근할 수 있는 제품을 만드는 게 애플이 하고 있는 일이라는 의미인 셈이다.

이것이 애플이 환경 변화에 맞춰 빠르게 변화할 수 있었던 힘이다. 애플은 환경을 분석하거나 미래를 예측하지 않았다. 오로지 소비자를 보고 움직였다. 소비자가 좋아하는 것을 직관적으로 파악했다. 그리고 그들이 좀더 편리하게 제품을 즐길 수 있도록 만드는 데 온 힘을 썼다. 그 과정이 새로운 환경을 창출하는 데 지대한 영향을 주었다.

내가 평소에 존경하는 경영자 한 분에게 들은 이야기가 떠오른다.

이솝우화에 나오는 토끼와 거북이 이야기에 대한 새로운 해석이다. 거북이가 토끼를 이긴 이유는 토끼가 건방지고 거북이가 우직했기 때문이라고 알고 있다. 그러나 본질은 다른 데 있다. 토끼는 거북이를 보고 달렸지만, 거북이는 결승점을 보고 달렸기 때문이다. 기업도 마찬가지다. 잘되는 기업은 경쟁사가 아니라, 항상 소비자를 보고 달린다는 것이다.

많은 기업이 경쟁사를 보고 달린다. 특히 애플같이 잘나가는 기업을 보고 달린다. 이렇게 되면 소비자의 변화를 감지하는 능력은 점점 떨어지게 된다.

불확실성이 증가할수록 임기응변이나 변화에 대처하는 능력이 중요해질 것이다. 시장이나 기술 환경을 머리로 분석하는 것보다 소비자의 변화를 민감하게 알아차릴 수 있는 감수성을 키우는 게 임기응변의 핵심이다.

그래서 미래보다는 현재에 촉각을 세우는 게 중요하다. 현재 애플 같은 선두기업이 아닌 소비자에게 집중하면 계획하지 않은 곳에서 밝은 미래를 만들 수도 있다.

페이스북 vs 마이스페이스

나는 맞수 기업들의 엇갈린 운명에 대해 쓰는 걸 좋아한다. 특히 역전을 한 경우라면 더 흥미롭다. 애플과 소니의 사례는 본문에 썼으니, 여기서는 비슷한 궤적을 보이며 역전이 일어난 두 기업에 대해 다뤄보기로 한다.

페이스북이 상장될 때 언론에서 화제가 되었다. 기업가치 100조 원의 소셜네트워킹 서비스 기업이 탄생했다고 야단이었다. 최근에는 회원이 10억 명을 넘어섰다고 한다. 이때 페이스북의 자리를 차지할 수 있었던 다른 회사가 생각났다. 불과 4년 전까지만 해도 SNS 분야의 1등은 마이스페이스였다. 아무리 인터넷 환경 변화가 빠르다지만, 이 짧은 기간에 무슨 일이 일어난 걸까.

페이스북보다 6개월 빠른 2003년 8월에 설립된 마이스페이스는 회원 간 음악을 공유하는 서비스가 인기를 끌며 급속도로 확산되었다. 그러자 2005년 루퍼트 머독이 운영하는 회사 뉴스코프에서 5억

8,000만 달러라는 거액에 마이스페이스를 인수했다. 이듬해에는 회원 1억 명을 돌파할 정도로 승승장구하고 있었다. 하지만 두 가지 실수를 저지르며 주저앉고 만다.

첫째, 무분별한 광고 정책으로 사용자들의 불편을 초래했다. 매출 확대를 위해 사이트를 배너와 팝업광고로 도배했고, 회원들은 하나둘 짜증을 내기 시작했다.

둘째, 외부의 참여를 제한해 다양한 서비스를 제공하지 못했다. 가령 회원들이 마이스페이스에서 개발한 동영상 서비스만 이용하도록 만들었다. 외부 개발자들이 다양한 게임이나 애플리케이션을 제공하는 페이스북에 비해 서비스가 떨어지는 건 당연했다. 결국 2008년 정점에 오른 이후 회원들이 페이스북으로 이탈하기 시작했다.

그러나 이는 어리석은 실수가 아니었다. 오히려 많이 가진 자가 선택할 수밖에 없는 전략이었다. 마이스페이스를 인수한 뉴스코프는 영화, 음악, 신문, 방송, 출판 등 미디어를 장악한 콘텐츠 왕국이었다. 마이스페이스를 인수한 목적도 이런 콘텐츠를 유통시킬 채널을 확보해 온라인 제국을 만들기 위함이었다. 뉴스코프의 채널에서 유통되는 영화나 음악이 소개될 때마다 자연스럽게 마이스페이스가 활용되었고, 그 결과 광고가 많아질 수밖에 없었다. 또 그룹의 미디어 전략과 연동된 서비스들이 개발되고 있어, 그룹의 전략 방향과 다르게 진화되는 것을 막기 위해 외부 개발자들을 제외한 것이었다.

그러나 소비자들은 뉴스코프의 의도대로 따라오지 않았다. 메신저, 동영상, 음악, 가라오케 등 다양한 서비스를 제공하면 사용자들이 그 안에서 만족하며, 뉴스코프 제국 안에 머물러 있을 줄 알았다. 하지만 소비자들의 기호는 훨씬 다양했다.

마이스페이스가 사업모델을 일찍 수립한 것과 달리, 페이스북은 수익 모델 개발을 뒤로 미루고 소비자를 따라갔다. 소비자가 좋아할 만한 서비스를 제공하고 편리한 사이트를 만들다보니 어느새 회원이 기하급수적으로 늘어나 있었다. 자연스레 광고 수익도 늘어나게 되었다.

가진 게 없었던 페이스북은 오로지 사용자들이 편하게 즐길 수 있는 사이트를 만드는 데 역점을 두었다. 사용자들의 편리한 웹서핑을 위해 다양한 외부 사이트와 제휴해 페이스북 계정으로 이용할 수 있게 했다. 또 외부에서 페이스북을 위한 서비스와 게임을 만들도록 허용해 다양한 즐거움을 제공했다. 거창한 계획보다는 그때그때 회원들이 원하는 것을 제공하는 데 노력했다.

애플과 소니의 경우처럼, 현재 소비자에게 집중하느냐 안 하느냐의 차이가 페이스북과 마이스페이스의 운명을 갈랐다. 또 감수성과 이성의 차이가 성패를 결정지었다.

지금 같은 불확실한 환경에서는 많은 것을 가진 1등 기업이 반드시 유리한 것은 아니다. 가진 게 많으면 생각이 많아지는 법이고, 소비자에 대한 감수성이 무뎌질 수밖에 없기 때문이다. 결국 미래를 준비하려면 치밀한 계획을 세우는 것보다 현재의 불확실성에 그때그때 제대로 적응하는 즉흥성이 훨씬 중요한 시대라는 사실을 다시 한 번 되새기게 해준다.

Chapter 5.

배우지 말아야 할 애플 방식

이제 애플 방식 중에서 따라 하지 말아야 할 것에 대해 이야기할 차례다.

애플은 독특한 기업이다. 동시에 돈을 가장 많이 버는 기업이다. 마니아를 거느릴 정도로 독창성이 있으면서 대중적으로도 이렇게 성공한 사례는 거의 없다. 무엇보다 경영자들은 애플의 높은 이익을 부러워한다. 그래서 이 점을 배우려고 한다.

하지만 나는 바로 이 점 때문에 애플의 방식이 매우 위험하다고 생각한다. 특히 애플에서 절대로 배우지 말아야 할 부분이 있다면, 높은 영업이익률을 올리는 방법이다.

유감스럽게도 언론에서 애플의 가장 큰 장점으로 이야기하는 게 바로 이 부분이다.

물론 처음에는 나도 그렇게 받아들이고 있었다. 하지만 서울 삼성동에 있는 코엑스몰에 가서 그렇지 않다는 것을 깨닫게 되었다.

주력 상품이 두세 가지, 중소기업 애플

오래전 일이다. 코엑스몰에 가족과 놀러 갔다가 우연히 애플 제품을 판매하는 소매점에 들어가 보았다. 현재 우리나라에는 정식 애플스토어는 없고, 라이선스를 받은 업체에서 애플 제품을 팔고 있다. 그중 하나로 매장 진열이나 분위기가 애플 스토어와는 좀 달랐다.

코엑스몰에 있는 매장에 들어가 보고 두 가지 면에서 상당히 놀랐다. 우선 매장이 꽤 넓음에도 불구하고 발 디딜 틈 없이 사람들로 바글바글했다. 그때 우리나라에도 아이폰이 정식 출시되어 히트하고 있던 시점이라서 그런지 사람들이 정말 많았다. 전자제품 대리점에 사람이 그렇게 많은 걸 이전에는 결코 본 적이 없다. 그야말로 애플의 인기를 실감할 수 있었다.

두 번째, 매장에 진열된 제품이었다. 100평도 넘어 보이는 커다란 매장이었는데, 중앙에 동그란 모양의 진열대 위에만 애플 제품이 놓여 있었다. 그것도 고작 세 종류였다. 아이폰은 통신사 대리점에서 구매하는 것이라 그 매장에는 없었고, 맥 컴퓨터, 노트북, 아이패드뿐이었다. 종류가 너무 적다고 생각되었는지 제품마다 세 대씩 놓여 있었다. 매장을 통틀어 제품 아홉 대가 중앙에 진열되어 있고, 나머지 공간에는 모두 아이폰 모델에 맞는 케이스와 범퍼, 고리, 이

어폰과 스피커 같은 부속품, 아이패드용 커버 등의 액세서리로 채워졌다. 순간적으로 전자제품 대리점이 아닌 문구점에 들어간 것 같은 느낌이 들었다.

세계에서 시장가치가 가장 큰 거대기업이지만, 제품의 가짓수만 보아서는 중소기업과 다를 게 없다는 생각이 들었다. 아이팟은 이미 매장에도 진열이 되지 않을 만큼 관심이 떨어졌고, 그나마 인기 있는 제품은 아이폰과 아이패드, 두 가지다. 그렇다고 휴대폰과 태블릿의 종류가 많은 것도 아니다. 저장용량 등 하드웨어의 차이를 빼면 같은 모델이라고 할 수 있으니, 세계에서 가장 큰 기업인 애플은 달랑 두 가지 제품으로 돈을 벌고 있는 셈이다. 항공기 제조회사보다 주력 상품이 적을 것이다.

실제로 2012년 현재 애플에서 아이폰과 아이패드의 매출 비중은 전체의 70퍼센트 이상이다. 컴퓨터 회사로 출발한 애플의 컴퓨터 관련 매출은 겨우 15퍼센트 정도이며, 한때 애플의 성장을 이끌었던 아이팟과 음악 관련 매출은 다 합해도 10퍼센트에 못 미친다.

두세 가지 제품을 대량 판매하니 영업이익률은 높을 수밖에 없다. 애플은 2009년 이후 30퍼센트에 가까운 영업이익률을 기록해왔고, 2012년에는 무려 35퍼센트 이상이다. 제조업체로서는 경이적인 수

치다.

언론에서는 앞다퉈 영업이익이 이처럼 높은 것이 애플의 장점이라고 치켜세우고 있다. 현재 CEO인 팀 쿡 역시 이 사실을 자랑 삼아 이야기하곤 한다.

"우리가 만드는 제품들을 회의실 책상 위에 모두 올려놓을 수 있습니다. 세계 최대 기업이 말이지요."

하지만 이는 일반적인 기업에서는 감히 따라 할 수도 없는 위험한 경영방식이다. 몇 년간 투자해 출시한 제품이 시장에서 외면당하기라도 하면 바로 회사의 존폐와 직접적으로 연결될 수 있기 때문이다. 하지만 애플은 지금까지 그 경영방식을 고수하고 있다. 거의 유일무이하게 애플만 성공할 수 있었던 이유는 무엇일까. 이것은 1997년 잡스가 애플에 복귀한 후 지속적으로 추진해온 전략의 결과라고 볼 수 있다.

제품 지우기

잡스가 복귀했을 때, 고전을 면치 못하고 있었던 애플은 고작 90일을 버틸 자금만 가지고 있었다. 마이크로소프트의 투자를 받은 덕에 겨우 숨을 돌릴 수 있을 정도의 여유를 갖게 되었지만, 잡스는 사업방식을 송두리째 바꾸지 않는 한 길이 없다고 판단했다.

가장 큰 문제는 애플이 중심을 잃어버렸다는 것이었다. 판매상들에게 휘둘려서 제품마다 다양한 모델을 양산해내고 있었다. 모든 제품에서 적자가 나는 것은 아니었지만 조금씩 이익을 내는 게 더 심각했다. 힘을 한곳에 집중하지 못하고 분산시켜, 가능성 있는 제품에 투입되어야 할 자원을 낭비하고 있었다. 잡스는 각 제품 개발 팀원들과 만나서 그들이 진행하는 프로젝트가 왜 계속되어야 하는지 이유를 듣기 시작했다.

"직원들한테 3주 동안이나 설명을 들었는데도 이해가 안 가던 걸요. 그래서 간단한 질문에 대답하라고 했지요. 어떤 걸 내 친구들한테 사라고 하면 좋을까?"

이 질문에 명쾌하게 대답할 수 없는 제품은 모두 없애버렸다. 3분의 2가 넘는 제품이 사라졌다. 또 프린터 같은 컴퓨터 주변기기 사업에서 손을 뗐다. 물론 눈엣가시처럼 생각하던 PDA 뉴턴의 생산도 중단시켰다.

그리고 집중해야 할 곳을 정했다. 잡스는 제품 전략을 논의하는 회의에서 두 가지 기준을 제시했다. 전문가용과 소비자용, 데스크톱과 노트북 등 두 가지 기준에 의해 나누자, 네 가지 제품 영역이 생겼다. 전문가용 데스크톱으로 파워 매킨토시, 전문가용 노트북으로 파워북, 소비자용 데스크톱으로 아이맥, 소비자용 노트북으로 아이북 등 네 가지 제품에만 집중하기로 결정했다.

이렇게 애플의 지향점을 명확하게 회복시킨 후에도 계속 이 방식을 고수했다. 잡스는 정기적으로 톱 100 미팅이라고 불리는 워크숍을 개최했다. 여기에 참여할 사람들은 직급과 관계없이 잡스의 개인적인 의견에 따라 선정되었다. 어떤 부사장은 제외되기도 했고, 낮은 직급의 엔지니어가 참여하기도 했다. 잡스는 이들을 데리고 회사 밖으로 나가서 향후 애플이 개발할 제품에 대해서 자유롭게 토론했다. 하지만 이때 한 일은 앞으로 개발할 주력 상품이 아니라 버려야 할 기존 제품의 목록화에 대한 논의였다. 직원들의 아이디어로부터 유망한 제품이나 새로운 서비스를 나열하고, 타당한 이유를 들어 리스트에 있는 제품을 지워나가는 절차였다.

아마 아이패드도 그랬을 것이다. 태블릿에 대한 아이디어가 오래 전부터 나왔지만, 이 모임에서 개발하지 말아야 할 이유가 매번 나왔을 것 같다. 오래 휴대하기에는 지금의 배터리 기능으로는 부족하다거나, 부품이 아직 비싸서 값싼 제품을 만들 수 없다거나, 여러 가지 이유로 미뤄졌을 게 틀림없다.

잡스는 이런 식으로 쓸모 있는 제품을 선별하는 것을 자랑스럽게 여겼다.

"나는 우리가 하는 일에 대해서 만큼이나, 우리가 하지 않은 것에 대해서도 자부심을 느낍니다. 대형 소비자 가전 회사들은 하나같이 수천 종류의 제품을 가지고 있습니다. 우리는 좀더 집중하기로 결정했어요. 집중한다는 말에 대해 사람들은 잘못 생각하고 있습니다. 집중할 제품을 선택하는 거라고 생각합니다. 하지만 아니에요. 그건 수백 개의 좋은 아이디어에 대해 '아니오'라고 말하는 겁니다."

잡스는 아이팟 사업 역시 제품 지우기 과정이 있었기에 나올 수 있었다고 말했다.

"우리가 하지 않은 것이 애플을 성장시켰습니다. 대표적인 사례가 PDA에요. 우리는 오랫동안 PDA 사업을 해야 한다고 당연히 생각해왔습니다. 어느 날, 그런 생각이 들더군요. PDA를 쓰는 사람들 중 열에 아홉은 길에서 정보를 찾아보는 데 쓰고 있었어요. 거기에다 정보를 집어넣지는 않았습니다. 곧 휴대폰이 정보 수집 기능을 하게 되면 PDA 시장은 급격히 줄어들 것이었죠. 결코 살아남을 수 없다고 보았습니다. 그래서 우리는 그 사업을 접기로 한 겁니다. 만약 우리가 PDA 사업을 계속했더라면 아이팟을 개발할 자원이 부족했을 겁니다."

잡스는 적자에서 탈출하기 위해 제품의 구조조정을 단행했다. 그가 이렇게 과감한 선택과 집중을 할 수 있었던 것은 히트 상품을 만들 수 있다는 확신이 있었기 때문이다. 한편으로는 그가 필연적으로 선택과 집중을 할 수밖에 없었다고 생각된다.

잡스는 모든 제품을 통제해야 직성이 풀리는 성격이었다. 그래서 자기가 모르는 제품이, 자신의 의지와 상관없이 제작된 상품들이 애플 브랜드로 고객들 앞에 나가는 게 용납되지 않았다. 하지만 한 사람이 관장할 수 있는 제품의 수는 한계가 있는 법이다. 특히 잡스처럼 세세한 부분까지 관여한다면 1년에 많은 제품을 생산할 수도 관리할 수도 없다. 이것이 바로 아무리 규모가 커져도 애플의 제품 수가 늘어나지 않는 이유다.

잡스는 이런 비유를 자주 들었다.

"질이 양보다 중요합니다. 홈런 한 방이 2루타 두 개보다 훨씬 나은 것이지요."

그리고 홈런은 반드시 본인이 직접 쳐야 직성이 풀렸다.

잡스 관점의 미학에서 시작된 기호와 집중

잡스가 세상을 떠날 무렵 아이폰 4S가 나왔을 때, 소문이 무성했다. 사람들은 당연히 아이폰 4와 차별화된 아이폰 5가 나올 거라고 예상했다. 그러나 예상은 보기 좋게 빗나갔다. 이전 모델에서 약간 변경된 버전으로 출시된 것이다. 음성인식 기능만 추가되었을 뿐, 아이폰 4와 똑같은 디자인에 비슷한 사양으로 새로운 제품을 기다리던 소비자들에게 적잖은 실망감을 안겨주었다.

그러면서 갖가지 소문이 나돌았다. 원래는 아이폰 5를 개발하고 있었는데, 잡스가 마지막에 출시를 막았다는 비하인드 스토리였다. 한 신문은 익명으로 인터뷰한 애플 직원의 말을 빌려, 이전 모델보다 스크린이 큰 새로운 버전의 아이폰을 개발하고 있었다고 보도했다. 화면 크기가 3.5인치에서 4인치로 커지고, 본체 길이도 늘어난 모형이었다. 이미 개발이 상당히 진행되었을 때, 잡스가 4인치 스크린은 안 된다며 중단시켰다는 것이다.

잡스는 아이폰 디자인에 대한 집착이 남달랐다. 평소 "스마트폰은 한 손에 쥘 수 있는 정도의 크기여야 한다"고 자주 말할 정도로 크기에 대해 강조했다. 그런 잡스의 눈에 4인치짜리 스마트폰은 철학이 없는, 무식하게 화면만 커진 무개념의 디자인으로 보였을 것이다.

문제는 스마트폰 시장의 경쟁이 치열해지면서 화면 크기가 점점 커지고 있다는 점이었다. 사람들은 점차 큰 화면에 익숙해지기 시작했고, 아이폰은 다른 스마트폰에 비해 왜소해 보이기까지 했다. 잡스가 세상을 떠난 후, 애플에서 출시되는 새 제품의 크기가 커지는 것은 어쩌면 당연했다.

왜냐하면 아이폰의 디자인은 온전히 '잡스 관점의 미학'이 적용되었을 뿐이기 때문이다. 3.5인치는 인체공학 전문가들이 이론적으로 합의한 크기도 아니고, 위대한 예술가의 미적 감각이 발휘된 것도 아니었다. 잡스는 새로운 제품을 만들 때 그 누구도 아닌 자기 마음에 드는 디자인이 나올 때까지 절대 포기하지 않았다. 제품의 외관뿐 아니라 제품을 포장하는 박스의 디자인과 색깔까지 만족스러워야 다음 단계로 넘어갈 수 있었다.

물론 잡스는 미적 감각이 뛰어난 사람이었다. 그의 감각에 따르면 매우 멋진 제품이 탄생되었다. 이렇게 한 사람의 관점으로 디자인되다보니 애플 제품은 종류에 상관없이 일관성이 있다. 한 화가의 예술품들이 주제와 관계없이 일관성을 가지고 있는 것과 같다.

애플의 제품을 살펴보면 '잡스 관점'이 무엇인지 금세 알 수 있다. 매킨토시는 아름다운 활자체를 도입해 컴퓨터 업계에 기여했다. 당시에는 하드웨어 기술 개선이 급했다. 초기 개인용 컴퓨터 업계에서 서체까지 신경 쓸 겨를이 없었다. 하지만 잡스는 다양한 폰트를 구현하기 위해 노력했다. 그 이유는 활자체에 대한 지식이 많았기 때문이었다. 대학에서 들었던 서체 수업에 감명받아 이것을 매킨토시에 적용한 것이다. 사실 기본적인 기술 개발이 이루어진 후에 적용해도 될 요소였다.

아이맥을 더 활성화시키기 위해 뛰어든 아이팟 사업도 비슷하다. 물론 음악 관련 디지털 기기는 컴퓨터에서 손쉽게 확장시킬 수 있는 분야였다. 하지만 잡스가 음악을 좋아했기 때문에 애플에서 개발되었다고 생각된다. 만약 잡스가 사진을 좋아했다면 어땠을까. 아마 아이팟 대신 디지털 카메라를 만들었을지도 모른다. 지금쯤 사용하기 편리한 아이 카메라가 출시되었을지도 모른다.

나는 이러한 애플의 전략을 '선택과 집중'에 대비해 '기호와 집중'이라고 부른다. 영어로 테이스트 앤드 포커스Taste and focus, 좋아하는 것에 집중한다는 뜻이다.

기호와 집중 전략을 효과적으로 실현하기 위해 애플은 다른 기업들과 상당히 다른 조직 구조를 가지고 있다. 애플의 모든 조직은 CEO 산하에 직할로 속해 있다. 규모가 큰 회사들은 대부분 CEO 밑에 여러 사업부가 있고, 사업부장이 해당 부서를 책임지는 형식이다. 그러나 애플은 사업부장을 거치지 않고, 현업 부서와 사장이 직속으로 연결되어 있다.

그래서 애플은 사업부 조직 없이, 기능 조직으로만 구성되어 있다. 통상적으로 100조 원이 넘는 매출 규모의 회사라면 각 제품마다 개발, 생산, 마케팅을 전담하는 부서가 따로 있기 마련이다. 그러나 애플은 하나의 개발팀이 아이폰과 아이팟을 모두 만들고, 마케팅도 같은 부서에서 아이폰, 아이팟, 아이패드까지 동시에 맡는다.

결국 개발부터 마케팅에 이르기까지 모든 것을 CEO가 관장한다는 의미이다. CEO의 뜻에 따라 수시로 현업 부서에 지시를 내리기에 매우 편리한 구조다. 잡스가 만들어놓은 이런 조직 구조에서는 어떤 제품이라도 시장에 나오기 위해서는 모든 단계에서 CEO를 거쳐야 한다. 이것이 이미 개발이 어느 정도 완료된 후 CEO에게 보고되는 사업부 중심의 기업과 애플과의 차별점이기도 하다.

조직의 원활한 운영을 위해 잡스는 손익에 대한 각 부서의 관리 책임을 없애버렸다. 일반적인 기업의 조직은 손익에 대한 압력을 받게 시스템화되어 있다. 그래서 기업에서 일하는 사람들은 누구나 손익을 극대화하는 방향으로 의사결정을 한다. 그러나 애플에서는 손익에 대한 고민을 할 필요가 없다. 잡스가 주문하는 내용을 가장 잘 구현해내기만 하면 된다. 그래서 직원들은 제작비나 연구개발비에 구애받지 않고, 새로운 것을 마음껏 시도해볼 수 있다. 애플의 예산은 오로지 재무책임자만이 관리한다. 규모 면에서는 대기업이지만, 기업 규모가 커서 그렇지 조직 구조는 중소기업과 흡사하다.

운영
세일즈
산업
디자인
법무
인터넷
서비스
인사관리
CEO
하드웨어
엔지니어링
CFO
모바일
소프트웨어
커뮤니케이션
맥
소프트웨어
제품
마케팅

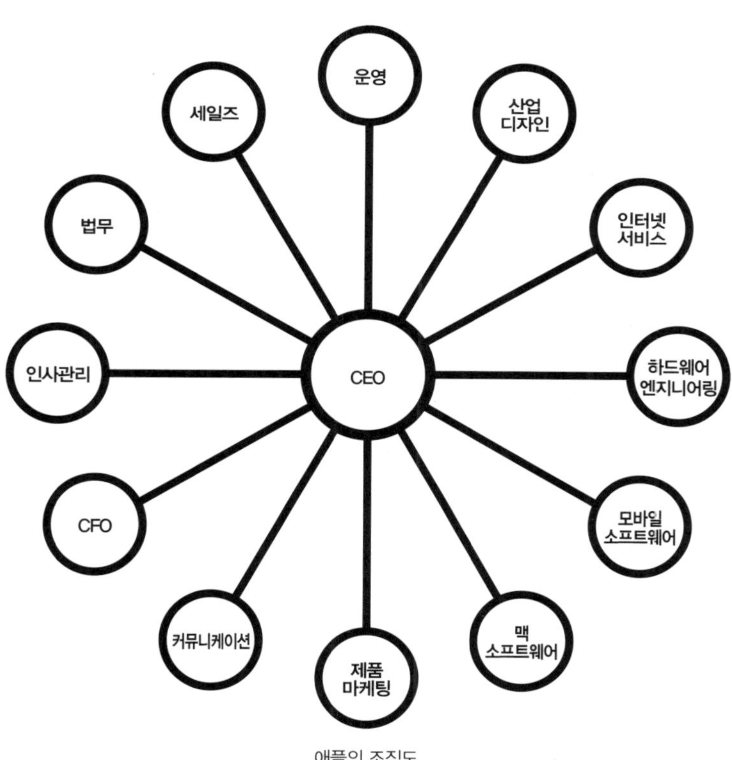

애플의 조직도

예산과 인력은 한정되어 있기 때문에 애플은 한 번에 한 가지 일에만 집중해왔다. 쉽게 말해, 애플은 멀티태스킹을 하지 않고, 시스템적으로 멀티태스킹을 할 수도 없는 회사다. 실례로 아이팟 엔지니어 중 유능한 사람을 다 빼내 아이폰 개발에 착수시키기도 했다. 크게 알려지지는 않았지만, 이런 이유로 맥 소비자들이 불만을 터뜨리기도 했다. 아이폰에 인력이 투입되어, 예정되어 있던 맥 운영체제의 업그레이드가 몇 달씩이나 지연되었기 때문이다.

애플 직원들은 예정되었던 프로젝트가 차기 제품에 밀리면 이유를 금방 알아차렸다. 잡스의 관심이 떠났음을 의미했으니까. 직원들은 이런 제품을 '고아 제품'이라고 불렀다.

이런 사례를 통해 재미있는 사실 한 가지를 알 수 있다. 앞서 빌 게이츠와의 비교에서 살펴본 바와 같이 애플은 제품을 처음부터 완벽하게 만들고, 마이크로소프트는 첫 제품은 형편없지만 꾸준히 미흡한 점을 보완해 시장에서 성공시킨다. 즉, 애플에서는 기존 제품을 검토하고 개선시키는 작업은 쉽게 볼 수 없다. 늘 새로우면서도 완벽한 제품이 나올 뿐이다. 이런 특징은 아마 잡스의 변덕스럽고 독특한 성격에서 기인한 것으로 보인다. 집중력 장애 아동의 경우 한 가지 일에 몰두하지 못하고 쉽게 싫증을 낸다. 그리고 새로운 것을 찾는다. 잡스도 한 가지 일에 깊게 빠지는 집중력을 가진 반면 흥미를 잃으면 쉽게 싫증을 냈다. 애플은 철저히 잡스의 관심에 따라 회사의 인력과 자원이 집중되는 구조이다 보니, 기존의 제품 개선에는 소홀할 수밖에 없었을 것으로 보인다.

하지만 혁신은 기존 제품이나 시스템을 완전히 바꾸는 급진적인 것과 꾸준히 개선하는 점진적인 것 모두 필요하다. 그런 면에서 미국 젊은이들 사이에서 지탄받았던 마이크로소프트 역시 사회의 발전을 위해서는 꼭 필요한 기업이라고 할 수 있다.

애플을 연구하는 학자들은 이런 CEO 1인 경영 체제의 장단점을 모두 이야기한다.

"스티브 잡스 한 사람이 모든 의사결정을 내리기 때문에, 애플은 거대한 시장 중심 조직이 되는 것을 피할 수 있었습니다. 그래서 시장이 예상 못할 혁신을 해낼 수 있었던 것입니다. 그러나 애플만의 특수한 상황이 잡스가 없는 상태에서는 오히려 애플에 큰 부담이 될 수도 있습니다."

기호와 집중, 즉 극단적인 선택과 집중의 장단점은 무엇일까. 장점부터 살펴보자.

집중의 장점

아이패드가 나왔을 때 태블릿에서 재미를 보지 못했던 컴퓨터 업체들을 비롯한 애플 경쟁사들은 공급가가 낮아 적잖이 놀랐다. 그들은 저렴한 부품을 사용했기 때문이라는 확신을 가지고 제품을 뜯어 부품을 살펴보았다. 하지만 한숨을 쉴 수밖에 없었다. 기대했던 값싼 부품은 없었다. 모두 믿을 만한 업체의 고급품으로 구성되어 있었다. 이렇게 싼 가격에 만들 수 있는 제품이 아니라고 생각했다.

실제로 한 시장조사 기관에서 아이패드 제조원가를 분석했다. 스크린, 칩, 저장장치, 배터리 등 부품의 제조원가는 200달러를 조금 웃돌았다. 이것이 사양에 따라 500달러에서 800달러 사이에 팔렸다. 물론 제조원가 말고도 엔지니어링에 들어간 비용과 소프트웨어 개발비도 원가에 들어간다. 하지만 수천 만 대 이상 팔렸기 때문에 그런 비용이 차지하는 비중은 작아졌다.

애플이 제품의 제조원가를 낮게 유지하면서 이익을 많이 낼 수 있는 이유는 한 모델을 대량 생산해 많이 팔기 때문이다. 학자들이 이야기하는 규모의 경제 효과를 톡톡히 보고 있다. 규모가 크게 팔수록 경제적인 이유는 이렇다.

첫째, 개발비 상각 효과가 크다. 개발비는 제품이 출시되기 전까지 든 비용으로 고정비라고도 한다. 판매된 제품의 수로 고정비를 나누는 것을 상각한다고 하는데, 많이 팔릴수록 고정비를 나누는 분모가 커지므로 고정비가 작아진다. 예를 들어, 개발비로 100원이 투입된 제품이 10개 팔리면 제품 하나당 10원의 비용이 들어간 것이지만, 100개가 팔린 경우 하나당 1원이 들어간 것이 된다.

애플은 아이폰과 아이패드 모두 1년에 한 종류만 만든다. 한 종류의 제품이 많이 팔리기 때문에 개발비 상각 효과가 커져 이익이 많이 나게 된다.

둘째, 부품의 구매 비용이 줄어든다. 부품 업체에 한 번에 많은 수량을 구매하게 되므로 가격을 낮출 수 있다. 업체 역시 애플과 거래해 같은 부품을 대량으로 납품하게 되면 개발비 상각 효과로 개별 단가를 낮출 수 있게 되어 더 싸게 공급한다. 부품 업체도 규모의 경제가 발생하는 것이다. 아이패드를 만들 때 애플이 질 좋은 부품을 싼값에 공급받을 수 있었던 이유가 바로 이 때문이다.

셋째, 생산성이 증가해 생산비가 낮아진다. 같은 일을 반복하면 요령도 생기고, 쉬워지는 법이다. 요령이 생기는 것은 생산 혁신이고, 쉬워진다는 말은 노동 생산성이 향상된다는 뜻이다. 그러므로 같은 제품을 많이 만들수록 생산하는 노하우가 늘고, 불량품도 나지 않게 되어 결국 효율성이 상승한다.

애플의 경우, 제품을 직접 생산하지는 않지만 같은 원리로 생산비용을 매우 낮게 지불하고 있다. 현재 애플은 대만기업 폭스콘의 중국 공장에서 제품을 생산한다. 그곳에서 생산되는 아이패드의 경우 한 대당 생산비용이 10달러 정도라고 한다. 이렇게까지 가격을 낮출 수 있는 것은 폭스콘이 똑같은 제품을 수천 만 대 생산해 생산비용을 낮추기 때문이다.

한두 제품만을 전 세계적으로 판매한 애플의 영업이익률은 그야말로 경이롭다. 2011년에 처음으로 30퍼센트를 넘더니, 2012년에는 무려 35퍼센트의 영업이익률을 기록했다. 100조 원 이상 판매하는 제조업체의 영업이익률이 30퍼센트를 넘는 경우는 거의 없었던 일이다.

이는 애플이 기호와 집중 전략을 모색한 결과다. 하지만 기호와 집중 전략은 동전의 양면처럼 장점이 큰 만큼 위험도 크다.

롤러코스터 경영

이익이 크면 위험도 크다는 말은 비즈니스 세계에서는 불변의 진리다. 애플의 경우는 그 위험도가 더 크다고 할 수 있다.

먼저 지난 25년 동안 애플의 영업이익률 변화를 실선으로 그려보았다. 비교를 위해 요즘 한창 대척점에 있는 삼성전자의 수치 변화를 점선으로 표현했다. 두 회사의 성과 추이 차이를 장기적 관점에서 바라보기 위해 연도와 수치는 넣지 않았다.

과거의 삼성전자는 가장 큰 사업 부문인 반도체 시장의 시황에 많은 영향을 받아 영업이익이 들쑥날쑥했다. 그래서 다른 제조업체보다 변동성이 매우 심한 기업 중 한 곳이었다. 하지만 그래도 영업이익률이 5퍼센트 이하로 떨어진 적은 없었다.

그러나 애플은 영업이익률이 마이너스 12퍼센트까지 떨어진 적도 있다. 잡스가 복귀하기 직전인 1996년의 일이다. 2001년 아이맥 매출이 하락했을 때에도 마이너스 6퍼센트까지 떨어졌다. 한두 가

삼성전자와 애플의 성과 비교

지 제품에 올인하는 애플은 성과의 변동성이 너무 크다. 35퍼센트를 넘기도 하지만 상황이 나쁠 때는 마이너스 12퍼센트까지 빠지기도 한다. 영업이익률이 가장 높을 때와 가장 낮을 때의 차이가 무려 50퍼센트 가까이 된다.

이렇게 기복이 심한 회사를 믿어도 될까. 애플의 집중화 전략의 결점은 무엇일까.

가장 큰 위험 요소는 집중한 단 하나의 제품이 실패했을 때 타격이 크다는 점이다. 히트했을 때 이익이 큰 만큼 실패했을 때의 손해도 기하급수적으로 늘어난다.

애플과 잡스는 이런 경험을 여러 번 했다. 수년간 집중했던 매킨토시가 출시되었을 때 광고 효과로 초기 판매는 좋았지만 그 기세가 이어지지 않았다. 이때부터 애플은 어려워지고, 급기야 잡스가 애플에서 쫓겨나게 된다. 그 이후 새롭게 창업한 넥스트 컴퓨터도 역시 하나의 제품에만 집중했다. 하지만 출시되면서부터 시장에서 외면받았고, 그 여파로 컴퓨터 하드웨어 사업을 아예 접어야 했다. 이처럼 극단적인 집중화는 기업의 존립마저 위태롭게 할 수 있다.

둘째, 애플에서만 특수하게 나타나는 현상으로, 성숙기로 접어들수록 이익이 줄어든다. 애플은 항상 새로운 시장을 개척해왔다. 그러다 보니 초기에 경쟁사가 없는 블루오션에서 시장을 거의 독식하면서 많은 돈을 벌어들일 수 있었다. 그런데 애플이 개척한 시장이 성숙해질수록 애플은 항상 고배를 마시게 되었다. 어쩌면 이는 점진적 제품 개선에 서툰 애플이 필연적으로 맞아야 하는 결과인지도 모른다.

돌이켜 보면 애플은 항상 새로운 제품을 개발해 시장을 개척해 왔다. 고만고만한 기술력으로 경쟁하는 일에는 소질이 없었다. 예를 들어, 애플 II의 출시로 호황을 누리던 애플이 어려워지게 된 것은 개인용 컴퓨터 시장에 IBM이 들어왔기 때문이었다. 비록 시장을 개척했지만, 시장이 점점 성숙되면서 다른 기업들도 애플과 비슷한 제품을 내놓게 된 것이다.

시장이 성숙해지면 사람들은 다양한 것을 원하게 된다. 개인용 컴퓨터인 애플 II는 가정에서도 유용하게 사용할 수 있다는 점에서 사람들을 열광시켰지만, 시간이 흐르자 소비자들은 더 다양한 기능의 컴퓨터를 원하게 되었다.

아이폰도 마찬가지다. 스마트폰이 처음 나왔을 때 아이폰에 매료된 소비자들은 애플에 열광했다. 하지만 다른 기업에서 질 좋은 다른 제품이 나오면서 경쟁이 치열해지자 소비자들의 선택의 폭도 넓어졌다. 이제 화면이 3.5인치보다 더 크거나, 다른 기능이 탑재된 휴대폰을 선호하는 소비자도 많아진 것이다. 어쩌면 요즘 화제가 되고 있는 삼성전자와의 소송은 이미 성숙해진 시장에서 주도권을 놓아야 할 운명에 처한 애플의 마지막 몸부림인지도 모른다.

이때 애플이 선택할 수 있는 길은 세 가지 정도가 있을 것 같다.

첫째, 새로운 제품 영역으로 도약하는 방법이다. 경쟁사들과 싸워야 하는 포화 시장에서 벗어나 새로운 곳을 개척하는 방법이다. 잡스가 복귀한 이후 줄곧 썼던 방법으로 소비자들의 니즈가 다양해졌을 때 기존 영역과 전혀 다른 분야로 들어가 성과 하락을 막았다. 아이팟, 아이폰, 아이패드는 기존 제품의 경쟁력이 더 이상 힘을 쓰지 못할 때 새로운 시장을 개척한 제품들이었다. 하지만 앞으로 잡스 없는 애플에서 이 일이 가능할지 모르겠다.

둘째, 기존 제품에 계속 집중하면서 후발주자들을 견제하는 방법으로 지금 애플이 주요하게 쓰고 있다. 그 방법의 일환으로 후발기업이 애플 제품을 모방하지 못하도록 소송을 하고 있다. 하지만 이 방법만으로 애플의 명성과 규모를 유지하기란 쉽지 않다. 후발주자들의 제품이 계속 개선되고 있으며, 머지않아 애플보다 더 나은 제품을 출시할 것이기 때문이다. 이는 마이크로소프트가 그래픽 인터페이스를 지닌 운영체제에서 후발주자였지만 지속적인 개선을 통해 시장을 지배하게 된 과정만 떠올려도 장기적인 안목으로 봤을 때 효과적이지 않다는 것을 금세 알 수 있다.

셋째, 애플 역시 선택과 집중 전략에서 선회해 다양한 제품을 내놓는 것이다. 이미 레드오션이 된 태블릿이나 스마트폰 시장의 소비자들이 다양한 니즈를 갖게 된 만큼 여러 가지 제품을 만들어보는 것도 나쁘지 않다고 생각된다. 잡스가 있을 때는 그의 마이크로 매니지먼트로 인해 불가능했지만, 이제는 가능하지 않을까.

아니 어쩌면 이미 애플이 이런 방향으로 조금씩 바뀌어가고 있는지도 모른다. 스크린이 큰 아이폰이나 아이패드 미니 등을 출시하는 것을 통해 기존 제품을 변형해 다양한 제품을 선보이고자 하는 의지를 충분히 엿볼 수 있기 때문이다. 물론 잡스가 남긴 유니크함과 편집증적인 성향 등이 아직까지 잔존해 있어 서서히 움직일 것 같다. 하지만 기존 업체들의 빠른 진화 속도를 감안하면 나는 좀더 빨리 변해도 된다는 생각이다.

지금까지 애플은 하나에 집중하면서도, 항상 새로운 제품을 출시하면서 성장해왔다. 그러나 집중화 전략만 고수하고 정작 새로운 시장을 개척하지 못하면 롤러코스터를 타고 순식간에 곤두박질치던 과거의 악몽이 재현될 수 있다.

대부분의 사람들이 애플의 높은 영업이익률을 칭송하고 부러워하지만 제조업에서 영업이익률 30퍼센트는 위험하다. 위기의 순간에 추락하는 낙폭이 너무 커 기업의 존폐에 영향을 미칠 수 있기 때문이다. 오히려 꾸준하게 15퍼센트를 유지하는 것이 더 안정적이고 건강한 회사다. 애플 역시 지금의 방식을 버리지 않는 한 위험한 외줄타기를 계속해야 할 것이다.

．．．

코엑스몰에 있는 애플 소매점을 나와서 지하 통로를 걷다보면 우리나라 전자업체의 프로모션을 늘 볼 수 있다. 삼성전자나 LG전자에서 3D TV를 틀어서 보여주기도 하고, 새로 나온 휴대폰을 체험해볼 수도 있다. 그 중에는 스타일러스를 쓰는 휴대폰도 있고, 태블릿과 휴대폰의 경계에 있을 법한 제품도 있다.

우리 기업에서 내놓는 제품은 여러 가지다. 이런 다양성을 추구하는 것이 정상적인 기업의 모습이 아닐까. 애플의 높은 영업이익률을 부러워할 필요가 없다. 애플의 높은 영업이익률은 잡스라는 독특한 경영자, 대기업에서 채택하기 힘든 조직 구조, 새로운 제품으로 시장을 개척해나가는 전략 등 애플만의 고유한 방식에서 나온 결과물이다. 하지만 이런 결과는 이제 애플에서도 지속 가능하지 않다.

Chapter 6.

애플의 미래 : 평균 기업으로

2009년, 애플의 교육기관인 애플대학이 설립되었다. 예일대 경영대학원 학장을 역임한 조엘 포도니를 영입해 이 일을 맡겼다. 유명 경영대학원에서 많은 교수들이 애플대학으로 자리를 옮겼다. 이곳에서는 다른 기업의 교육기관과 달리 경영학 이론이나 다른 기업의 비즈니스 사례를 가르치지 않는다. 애플의 역사와 애플의 성공과 실패 사례만으로 학습이 이루어진다.

가령 매킨토시를 개발할 때 제록스의 값비싼 마우스를 저렴하게 만든 혁신 방법, 업계에서 반대하던 유통에 진출해 성공한 비결, 중국의 폭스콘 공장에서 생산하는 제품의 품질 유지 비법 등 수많은 애플 사례를 배우고 있다. 애플만의 독특한 방식을 '법칙'으로 만들고 있는 것이다.

잡스는 건강이 악화되자 교육시설 설립 추진을 지시했다고 한다. 그는 자기가 없어도 애플이 그의 비전을 이어나가 여전히 독특한 기업으로 남기를 바랐던 모양이다. 잡스는 이 일을 맡은 포도니와 상당한 시간을 들여 애플의 교육이 지향하는 바를 공유했다. 심지어 잡스는 포도니를 애플의 인사팀장으로 앉혔다.

이처럼 교육을 강조하는 것은 전혀 애플답지 않은 일이다. 잡스는 인사 철학이 확고했던 사람이다. 키울 것인가, 뽑을 것인가로 인사 철학을 양분한다면, 그는 뽑는 쪽이다. 뛰어난 인재를 채용하는 데에만 힘써왔다. 그는 탁월한 인재는 교육에 의해 길러지는 것이 아니라, 타고나는 거라고 생각했다. 보통 천재적인 기질을 타고난 사람들이 이런 생각을 많이 한다. 천재의 수준에서 보통 사람들의 능력은 아무리 노력해도 눈에 차지 않을 테니까.

하지만 잡스는 생각을 바꾸었다. 그만큼 그는 분신 같은 애플의 미래에 대해 걱정했던 것 같다.

과연 애플의 미래는 어떻게 될까. 잡스가 세상을 떠난 지 1년이 조금 넘은 현시점에서 지금까지 논의한 것을 적용해 애플의 미래를 예측해볼까 한다. 가장 먼저 잡스가 한 고민은 후계자에 대한 것이 아니었을까.

창조 기업 애플의 관리자 CEO

외부 사람들은 대부분 잡스의 신뢰를 받던 디자인 실장 아이브가 잡스의 후계자가 될 거라고 예상했다. 아이브는 애플에서 출시된 대부분의 제품에 개성을 부여하는 큰 공을 세웠으며, 잡스는 디자인 스튜디오에서 새로 나올 제품 디자인을 가지고 노는 것을 가장 좋아했다. 심지어 넥스트에서 데려온 심복과 아이브가 사사건건 충돌하자 그를 내보낼 정도로 아이브를 총애했다. 아이브는 애플에서 제2의 잡스로 통했다.

뜻밖에도 잡스는 건강 상태가 악화되어 병석에 누워 있을 때 운영을 맡았던 팀 쿡을 CEO로 지명했다. 쿡은 잡스가 과거 오랫동안 저항했던 IBM 출신으로 물류, 유통, 운영 등의 분야에서 일한 경력을 가진 사람이었다. 제조 부문을 효율화하기 위해 애플에 채용된 이후, 주로 외주 생산을 비롯해 공급망, 유통, 고객 관리 등 애플에서 '창의'와는 동떨어진 부문을 도맡아왔다.

그야말로 괴짜인 잡스가 자신의 후계자로 평범한 관리자인 팀 쿡을 지명할 거라고 누구도 예상하지 못했다. 창의성과 독특함의 상징인 애플이 관리자로 적합한 사람을 CEO로 맞이하게 된 것이다.

이 결정이 의외라고 생각하는 사람이 많다. 하지만 이는 자연스러운현상이다. 누구보다 애플의 장단점을 잘 파악하고 있는 잡스가 경영의 안정화를 위해서는 반대되는 성향을 지닌 사람을 후계자로 지목하는 게 당연하기 때문이다.

예를 들면, 성과가 좋지 않아 CEO가 경질된 기업에서는 당연히 반대 유형을 뽑을 것이다. 엔지니어 CEO가 소비자에게 외면받는 제품만 만들었다면, 마케터 출신을 영입해 문제를 해결하는 것과 같은 맥락이다.

재미있는 건 성과가 좋은 기업도 마찬가지라는 점이다. 잘나가는 기업은 주로 정년이나, 건강 문제로 CEO를 교체하는데, 이때에도 전 CEO와 반대 유형이 선출되는 경우가 많다. 이때 대부분 현임 CEO가 후계자를 지명하는데, 본인과 다른 성향을 지닌 사람을 후계자로 뽑는 경우가 많다. 그건 자기와 다른 분야에서 뛰어난 능력을 보이는 사람에게서 더 가치를 느끼기 때문이다. 엔지니어 출신의 CEO라면 엔지니어보다는 마케터를, 마케팅 출신의 경우 또 다른 분야의 전문가를 높이 평가하게 된다. 잘 알지 못하는 분야에서 두각을 드러내거나, 갖지 못한 능력을 가진 사람이 더 유능해 보이기 때문이다.

쿡의 경우에도 그랬다. 잡스가 변덕을 부릴 때도, 쿡은 침착했다. 잡스가 직원들에게 화를 내며 야단칠 때, 쿡은 배려를 보여주었다.

잡스가 우뇌형 창의성으로 비전을 보여주었다면, 쿡은 좌뇌형의 효율성으로 빈틈을 메웠다. 잡스가 호기심에 이것저것 벌려놓은 것을 쿡은 묵묵히 처리했다. 잡스에게 쿡은 가장 필요한 사람이었고, 그만큼 능력을 인정받았다.

이런 후계자 계승 사례는 많다. 오랜 기간 성공을 이어온 기업들도 대부분 이런 식이었다. 후계자 승계가 마찰 없이 순리적으로 이어져온 GE를 살펴봐도 이런 형식이었다. 현재 CEO인 제프리 이멜트는 리더십이 온화한 스타일이었지만, 전임자인 잭 웰치는 카리스마 있고 공격적이었다. 그러나 잭 웰치의 전임자는 이멜트처럼 부드러운 리더십의 소유자였다. 120년 넘게 GE는 강하거나 부드러운 양극 성향의 CEO가 번갈아가며 정해졌다. 전공 분야로 분류하자면 엔지니어와 관리자를 오고 갔다.

오래가는 기업의 핵심은 여기에 있다. 한쪽만 강조하다보면 반대쪽에서 문제가 발생하게 마련인데, 장수기업의 경우 상처가 곪기 전에 미리 손을 쓰는 노하우를 이미 알고 있었던 것이다. 마치 민주주의 국가에서 공화당과 민주당이 주기적으로 집권하며 발전하는 것과 같다.

결국 장수기업의 후계자 계승 관습은 계속 한쪽만 강조하면서 극단을 추구해서는 오래 생존할 수 없음을 보여준다. 즉, 독특함만으로는 한 시대를 풍미할 수는 있어도 영속할 수 없다는 사실을 알 수 있다. 독특함이 무기이자 생존 비법이었다 하더라도 평균으로 회귀해야 오래 생존할 수 있다. 오래 이어져온 위대한 기업은 평균 수준이 다른 기업보다 조금 높은 회사지, 극단에 가 있는 회사는 결코 아니다.

한 저술가가 이런 말을 했다.

"창의적 기업가entrepreneur가 없으면 기업이 생겨날 수 없다. 하지만 기업가가 계속 기업을 맡아 운영하면 살아남는 기업이 별로 없을 것이다."

이 말에서 기업가는 경영자와 대비되는 개념이다. 애플의 경우, 잡스가 기업가라면 쿡은 경영자인 셈이다. 새로운 것을 만드는 데 능한 잡스가 기업가라면, 개선하는 능력에 탁월한 게이츠는 경영자다. 기업가는 파괴하고 창조하는 것은 잘하지만, 기존의 것을 유지하고 발전시키는 데에는 능력이 부족하다. 그래서 기업가가 계속 경영을 하면 살아남지 못한다고 언급한 것이다.

애플도 살아남기 위해서는 경영자가 필요한 시점이 아닐까.

쿡을 CEO로 임명했을 때, 나는 애플이 이런 변화에 들어갔다고 생각한다. 그러니 향후 애플은 평균 기업으로 선회할 가능성이 높다.

창의적이고 독특한 분위기로 성장한 애플에서 일반적인 기업으로의 변화가 가시적으로 드러날 시점도 머지않았다. 그럼에도 불구하고 계속 애플을 동경하고 따라 해야 하는 걸까. 애플은 더 이상 과거의 애플이 아니게 될 것이다. 그리고 이제 우리도 애플의 그늘에서 벗어날 때가 되었다.

포스트 잡스, 애플을 말하다

2012년 3월, 애플은 대규모 배당 및 자사주 매입 계획을 발표했다. 17년만에 일어난 초유의 사건이었다. 생전에 잡스가 이끌던 애플은 유동성 위기에 대비하고 지속적인 혁신을 위한 자금 확보 차원에서 무배당 원칙을 고수했다. 기존 애플의 경영방식은 위험이 크기 때문에 항상 현금이 넉넉해야 한다.

애플의 배당과 자사주 매입은 이런 과거 방식과 서서히 작별하고 있음을 뜻한다. 잡스는 월스트리트의 눈치를 보지 않고 소신을 밀고 나갔지만, 새로운 경영진은 투자자들의 비위를 맞추기로 결정한 모양이다. 이는 애플이 잡스의 독특한 경영방식에서 벗어나 일상적인 방식으로 변하기 시작했다는 증거다.

잡스가 세상을 떠난 후 애플은 비로소 '잡스 관점의 미학'에서 벗어날 수 있었다. 잡스의 마이크로매니지먼트에서 벗어나게 되면서 다양한 제품을 내놓을 수도 있고, 소비자의 니즈를 반영하는 제품을 만들 수 있게 되었다. 2012년 9월에 출시된 아이폰 5의 화면이 길어진 것과 뒤이어 나온 아이패드 미니가 단적인 증거다.

애플은 평균 기업으로 가는 변화의 여정에 올라섰고, 이는 필연적이고 바람직하다고 생각한다. 그러나 변화가 쉽지는 않을 것 같다. 그 이유는 현재 애플이 최고이기 때문이다. 훌륭하게 잘 돌아가고 있는 체제를 바꾸는 것은 새롭게 시작하는 것보다 훨씬 어려운 법이다. 자기 스스로 문제를 인식하고, 조직 구조부터 모든 것을 바꿔야 하기 때문이다. 과연 애플이 큰 혼란에 빠지지 않고, 이 변화를 이룩할지는 앞으로 지켜볼 일이다.

영속기업으로의 진화

아이폰 5가 발표되자 언론에서는 기존 모델과 비교했을 때 새로운 게 없다고 불평을 해댔다. 또 '잡스 없이 혁신도 없다'고 이구동성으로 아우성쳤다.

하지만 이는 비약이다. 좀 다른 관점에서 조명해볼 필요가 있다.

과연 잡스였다면 전혀 새로운 모델의 아이폰을 출시할 수 있었을까. 이 질문에 대한 답은 '아니오'다. 잡스가 현역에 있었더라도 그 문제를 해결하지 못했을 것이다. 이미 스마트폰 시장이 기술적으로 평준화된 상황에서 사람들이 예상 못할 새로운 제품을 내놓기는 어렵기 때문이다. 오히려 다른 분야에서 새로운 시장을 개척한다면 모를까, 애플의 특성상 아이폰을 개선시키고 발전시켜 출시하는 것은 힘들었을 것이다.

하지만 쿡이 애플을 이끌면서, 기존 아이폰을 개선해 기존 고객을 잡는 방법을 선택했다. 사실 아이폰 4S부터 이런 조짐은 시작되었다고 봐야 한다. 물론 어느 정도 고객의 이탈을 감수해야 한다. 하지만 매번 새로운 시장을 개척하는 방식으로는 오래 살아남을 수 없고, 레드오션에서 경쟁하다보면 니즈가 다양해진 고객 중 일부는 자연스레 떨어져 나가게 된다. 애플이 창업회사가 아닌 영속기업으로 진화하기 위해서 이런 과정은 필수적이다.

신제품 이야기가 나온 김에, 애플이 시도하고 있는 다른 제품에 대해서도 몇 마디 덧붙인다.

애플 TV가 나오면 어떻게 될까. 애플 TV는 이미 잡스가 10년 전에 방향을 세운 디지털 허브 전략의 연장 선상에 있다. 음악과 사진, 영상, 영화를 재생하는 디지털 기기를 컴퓨터에 연결시켜 소비자에게 편리함과 즐거움을 주겠다는 의도에서 시작한 것이었다. 그 첫 시도가 음악이었고, 사진이나 영상은 휴대폰에 모두 들어갔다. 이제 남은 건 영화뿐이다. 사람들이 쉽게 영화나 드라마를 즐길 수 있는 TV를 개발하는 것이 애플의 오랜 목표였다.

잡스도 "손쉽게 사용할 수 있는 통합적인 텔레비전을 만들고 싶다"고 말했다. 이 말에는 두 가지 의도가 담겨 있다. 첫째, 아이클라우드를 활용해 기기 간 호환이 되는 제품을 만들겠다는 것이고, 둘째, 사용자 인터페이스가 단순한 TV를 상용화하겠다는 것이다. 이를 실현하기 위해 애플은 셋톱박스 형태의 TV를 출시했지만 재미를 보지는 못했다. 업계에서는 애플이 아이폰 4S에서 선보인 음성인식 기능을 TV에 적용해 사용자 인터페이스를 혁신할 것이라고 예측하기도 했다.

그러나 단순한 이유에서 애플 TV 사업은 쉽지 않을 거라고 예상한다.

첫째, TV는 개인용 전자제품이 아니라 가전제품이다. 애플의 제품은 우선 마니아들에게 팔리면서 대량 판매가 되는 일련의 과정을 거쳤고, 그들은 개인이다. 그러나 TV는 가정에서 구매에 대한 의사결정을 한다. 애플의 주요 구매층이 아닌 주부나 나이든 어른이 구매를 결정하기 때문에 마니아를 통한 초기 판매가 쉽지 않을 것이다. 그렇게 되면 시장에서 모멘텀을 얻지 못하게 된다.

둘째, TV는 수동적인 소비품이다. 말하자면 소비자들은 누워서 TV를 본다. TV용 검색 포털 시장을 선점하려고 관련 기업들이 애를 많이 썼지만 연이어 실패한 이유는, TV로 정보를 검색하는 사람이 별로 없기 때문이었다. TV는 수동적이며 보수적인 제품이다. 이렇게 TV의 속성 내지는 소비하는 주체들을 분석하면 혁신적인 애플의 장점이 부각되지 않는 분야라는 결론을 얻을 수 있다.

애플의 TV 개발은 사업이라기보다, 새로운 시도나 취미 정도로 남을 가능성이 농후하다.

소송에 대해

2012년 8월부터 지금까지 애플과 삼성전자의 소송으로 언론이 시끄럽다. 애플을 상대하는 회사가 우리나라 기업이라 유독 국내 언론에서 많이 다룬 이유도 있지만 두 기업의 소송이 세계적으로 큰 이슈인 것은 사실이었다.

전문가들은 애플이 특허권 침해 소송을 한 이유가, 안드로이드 기기를 물리적으로 퇴출시키는 것이 현실적으로 불가능해, 소송을 통해 새로운 기기의 개발을 지연시키기 위한 작전이라고 분석한다.

하지만 나는 그렇게 생각하지 않는다. 전혀 사업적인 측면에서 전략적으로 시작한 것이 아니기 때문이다. 평소 잡스는 애플의 제품을 베끼는 기업을 싫어했다. 그래서 소송을 하기 시작한 것이다. 물론 애플도 남의 것을 수없이 베껴왔다. 그러나 잡스는 애플은 주도적으로 훔쳐서 자기 것으로 만들었다고 생각한다. 소송은 잡스의 분노에서 시작된 것으로 경제적인 관점으로 볼 수 없다.

사실 삼성전자와의 소송은 애플 입장에서는 전혀 실익이 없다. 오히려 삼성전자를 이롭게 하는 행동이다. 어른과 아이가 싸우지 않듯이, 다툼을 한다는 의미는 비슷한 체급이라고 인정하는 것이기 때문이다. 실제로 애플과의 소송을 통해 삼성전자는 글로벌 소비자들에게 애플 수준의 회사로 격상되어 인식되었고, 갤럭시는 아이폰과 어깨를 견주게 되었다.

이를 광고비로 환산해보면 얼마나 될까. 법정 판결이 날 때마다 뉴스에 등장하니 아무리 소송비용이 크다 해도 같은 효과를 내기 위해 쏟아부어야 할 광고비에 비하면 매우 저렴한 편이다. 1조 원 이상 배상을 하게 되더라도 애플과 싸우면서 얻은 이득이 몇 배 더 되리라고 생각한다. 카피캣이라는 오명에 관해서도, 앞으로 출시되는 제품이 우수하면 삼성전자 브랜드에 별로 영향을 미치지 않을 거라고 생각한다.

또 애플이 소송에서 이긴다는 것도 확실하지 않다. 비록 미국 법원의 1심 판결에서는 애플이 승소했지만 이번 소송의 특성상 최종 승리를 점치는 것은 어렵다. 특허권 침해라는 제소 이유는 같지만 두 회사가 서로 다른 것으로 싸우고 있기 때문이다.

우선 삼성전자가 베꼈다고 주장하는 애플의 디자인은 예술가의 창조에 가깝다. 그리고 애플이 모방했다고 하는 삼성전자의 기술은 기술자의 발명에 해당된다. 디자인 같은 예술가의 창조는 필요보다는 인간의 고차원적 욕망에서 시작되므로 감성적인 영역에서 이루어진다. 하지만 필요에 의해 발명되는 기술은 기존의 것을 개선하는 논리적 과정에서 도출된다.

디자인의 경우 단계를 초월하는 도약이 이루어질 수 있다. 하지만 기술자의 발명은 축적된 기술에 의해 점진적으로 발전한다. 그래서 소송에서 삼성이 법원에 제출할 수 있는 논리적 근거가 훨씬 많다. 반면에 감성적인 영역을 논리적으로 증명해내기는 쉽지 않다. 물론 세상에는 예술가보다 기술자가 훨씬 많아 희소성 측면에서는 애플이 유리할 수도 있다. 그러나 전반적인 재판 진행 과정을 생각해보면 애플이 이기기는 쉽지 않을 것으로 예상된다.

이처럼 삼성전자에 이로울 게 뻔한데도 잡스는 싸움을 택했다. 그건 삼성전자가 단순히 싫었기 때문이다. 전략적으로 애플에게 아무 도움도 되지 않는 싸움을 시작한 것이다. 이 사례만 보더라도 잡스는 전략적인 사람이 아니다. 그러므로 나는 쿡을 비롯한 애플 경영진이 결국 삼성전자와 합의할 것으로 보고 있다.

양 사는 부품 사업으로 긴밀하게 연결되어 있기 때문에 소송이 길어지면 양쪽 다 손해를 볼 수밖에 없다. 지금은 자존심 때문에 추가 소송이 이어지고 있지만, 애플 입장에서도 법정 싸움이 이롭지 않다는 것을 충분히 알기 때문에, 삼성전자에서 손을 내밀면 쉽게 타결될 것이다.

성공이라는 '신화'의 다른 관점

'성공을 어떻게 볼 것인가.'

애플을 주제로 글을 쓰면서 머릿속에서 떠나지 않던 키워드는 성공이었다. 성공한 사람들, 성공한 사람들을 연구한 사람들의 책이 넘쳐날 정도로 사람들은 너 나 할 것 없이 성공하고 싶어 한다. 그러나 성공한 사람을 그대로 따라 한다고 똑같이 되는 것은 아니다. 오히려 역효과가 나기도 한다. 요즘 '성공'이라는 말은 하나의 '신화'가 되어 사람들에게 헛된 희망만 주고 있다.

잡스는 스탠퍼드대학 연설에서 이렇게 말했다.

"모든 게 다 잘될 거라 믿고 자퇴를 결심했습니다. 지금 뒤돌아보면 두렵고 힘든 순간이었지만, 그건 제 인생 최고의 결정 중 하나였습니다. …… 제가 스물아홉 살 때 최고의 작품인 매킨토시를 출시했습니다. 그리고 그 다음해 저는 해고당했습니다. …… 그때는 몰랐지만 애플에서 해고당한 것은 제 인생 최고의 사건이었습니다. 애플에서 나오면서 성공에 대한 중압감을 다시 시작할 수 있다는 가벼움으로 대체할 수 있었죠. 그 이후 제 인생에서 가장 창조적인 시기가 시작되었습니다."

모든 성공은 일반적이지 않다. 특수한 사건과 상황이 결합해서 성공이 찾아오기 때문이다.

잡스가 만약 조금 더 일찍 태어났거나, 늦게 태어나 개인용 컴퓨터 산업이 태동하는 시기에 20대 초반을 보내지 않았다면 애플을 창업할 수 없었을 테고, 오늘날 애플의 성공은 보지 못했을 것이다. 잡스가 친부모에게 버림받아 실리콘밸리에 사는 부부에게 입양되지 않았더라도 결과는 매우 달라졌을 것이다.

이것 말고도 애플의 성공에 영향을 준 우연한 사건은 너무 많다.

잡스가 워즈니악을 만나 친해진 것, 애플 컴퓨터를 설립할 때 좋은 투자자를 만난 것, 매킨토시를 만들며 제품 개발에 대해 스스로 깨우친 것, 애플에서 쫓겨난 후 넥스트에서 여러 가지 실패를 한 것, 허영심에 픽사에 투자한 것, 넥스트를 완전히 포기하지 않아 애플에 돌아오게 된 것, 아이맥을 살리기 위해 아이튠스를 만든 것, 아이튠스의 더 나은 활용을 위해 아이팟을 직접 출시한 것, 컴퓨터 시장의 점유율이 낮아 아이튠스 스토어를 출범할 수 있게 된 것, 디지털 컨버전스가 시작되어 휴대폰 산업에 들어갈 수밖에 없게 된 것⋯⋯.

애플의 성공은 잡스와 직원들의 끈기 있는 노력이 이런 상황과 결합되어 만들어진 것이다. 모든 성공은 개인의 능력과 노력도 중요하지만, 상황이라는 타이밍도 매우 중요하다. 그런 점에서 모든 성공은 우연이라고 할 수 있다. 똑같이 노력해도 어떤 사람은 성공하고, 또 어떤 사람은 실패하는 이유이기도 하다.

이 책을 쓰면서 '성공'의 개념을 다른 시각으로 바라볼 수 있는 기회를 얻었다. 그리고 애플 성공의 진짜 의미는 세계에서 가장 비싼 회사가 되었다거나 천문학적인 돈을 번 사실에 있는 게 아니라는 생각을 하게 되었다.

위에서 말한 수많은 사건 중 한 가지만 틀어졌어도 지금의 애플은 없었을 것이다. 그래도 여전히 잡스의 지휘 아래 애플 직원들은 가장 좋아하고 잘하는 일을 하고 있을 테고, 디자인이 탁월한 제품을 만들며 그 자체에 만족하고 있을 것이다.

성공은 일의 결과가 아니라 원하는 일을 하는 과정 자체라는 생각이 들었다.

영화 〈악마는 프라다를 입는다〉의 실제 모델은 패션잡지 〈보그〉

지의 편집장 안나 윈투어다. 패션계의 스티브 잡스라고 할 정도로 카리스마 넘치고 까다로운 성격의 소유자인 그녀는 현재 세계 패션계에서 가장 영향력 있는 인물 중 하나다. 세계 최고의 디자이너들도 그녀에게 잘 보여야 옷을 잘 팔 수 있을 정도다. 윈투어는 패션 업계에서 가장 성공한 사람일 것이다.

그녀의 취미는 테니스다. 매일 아침 테니스로 하루를 시작한다. 테니스 선수 로저 페더러의 팬으로, 그의 경기를 자주 관람한다.

그녀에게 지금 이루고 싶은 인생의 목표가 뭐냐고 물었다. 그러자 그녀는 한 순간의 고민도 없이 대답했다.

"더 나은 백핸드를 치는 거예요."

| 참 | 고 | 문 | 헌 |

전 체 ▶

월터 아이작슨, 안진환 역, 스티브 잡스, 민음사, 2011 (Walter Isaacson, Steve Jobs, the Exclusive Biography, Simon and Schuster, 2011)

제프리 영, 윌리엄 사이먼, 임재서 역, iCon 스티브 잡스, 민음사, 2005 (Jeffrey S. Young, William L. Simon, iCon Steve Jobs: The Greatest Second Act in the History of Business, Wiley, 2005)

짐 코리건, 권오열 역, 스티브 잡스 이야기, 명진출판, 2009 (Jim Corrigan, Business Leaders: Steve Jobs, Morgan Reynolds Pub, 2008)

제이 엘리엇, 윌리엄 사이먼, 권오열 역, 아이리더십: 애플을 움직이는 혁명적인 운영체제, 웅진지식하우스, 2011 (Jay Elliot, William L. Simon, The Steve Jobs Way: iLeadership for a New Generation, Vanguard Press, 2011)

애덤 라신스키, 임정욱 역, 인사이드 애플: 비밀 제국 애플 내부를 파헤치다, 청림출판, 2012 (Adam Lashinsky, Inside Apple: How America's Most Admired-and Secretive-Company Really Works, Business Plus, 2012)

린더 카니, 안진환, 박아람 공역, 잡스처럼 일한다는 것: 위기에서 빛나는 스티브 잡스의 생존본능, 북섬, 2008 (Leander Kahney, Inside Steve's Brain, Portfolio, 2008)

1 장 ▶

New York Post, "Dad waits for Jobs to iPhone", 2011. 8. 27

Deborah N. Silverstein and Sharon Kaplan, "Seven Core Issues of Adoption", Adoption Child, 1989, October

스티브 워즈니악, 지나 스미스, 장성훈 역, 스티브 워즈니악, 청림출판, 2008 (Steve Wozniak and Gina Smith, iWoz: Computer Geek to Cult Icon-Getting to the Core of Apple's Inventor, Headline Review, 2006)

데이비드 프라이스, 이경식 역, 픽사 이야기: 시대를 뒤흔든 창조산업의 산실, 픽사의 끝없는 도전과 성공, 흐름출판, 2010 (David A. Price, The Pixar Touch: The Making of a Company, Hardcover, 2008)

Business Week, "Being Steve Jobs' Boss: Cultofmac.com editor Leander Kahney's Interview with John Sculley", 2010. 10. 20

에이브러햄 매슬로, 오혜경 역, 동기와 성격, 21세기북스, 2009 (Abraham Maslow, Motivation and Personality, Harper, 1954)

Sarah Rotman Epps's blog post, "US Tablet Sales Will More Than Double This Year", Forrester Research, 2011. 1. 4, http://blogs.forrester.com/sarah_rotman_epps/11-01-04-us_tablet_sales_will_more_than_double_this_year

채널예스, "슈스케 심사위원을 그만둔 이유, 버스커버스커 영향도 있다-윤종신 인터뷰", 2012. 9. 3

머니투데이, "'밴드' 버스커·넬, 음원 인기곡 '3분 룰' 깼다", 2012. 4. 13

2 장 ▶

Youtube, "Get A Mac Ad Campaign Collection", http://www.youtube.com/watch?v=v8UxyJewd3Q

Michael Tushman and Philip Anderson, "Technological Discontinuities and Organizational Environments", Administrative Science Quarterly, Sep 1986, Vol. 31, Issue 3, p.439-465

Philip Anderson and Michael Tushman, "Technological Discontinuities and Dominant Designs: A Cyclical Model of Technological Change", Administrative Science Quarterly, Dec 1990, Vol. 35, Issue 4, p.604-633

Richard Foster, Innovation: The Attacker's Advantage, Summit Books, 1988

Joseph Bower and Clayton Christensen, "Disruptive Technologies: Catching the Wave", Harvard Business Review, Jan/Feb 1995, Vol. 73, Issue 1, p.43-53

Clayton Christensen, The Innovator's Dilemma: When New Technologies Cause Great

Firms to Fail, Harvard Business Review Press, 1997

다케우치 가즈마사, 김정환 역, 평전 스티브 잡스 vs 빌 게이츠: 세상을 바꾸는 두 영웅의 도전과 성공, 예인, 2010

The Telegraph, "Bill Gates: 'I wrote Steve Jobs a letter as he was dying. He kept it by his bed'", 2012. 1. 27, http://www.telegraph.co.uk/technology/bill-gates/9041726/Bill-Gates-I-wrote-Steve-Jobs-a-letter-as-he-was-dying.-He-kept-it-by-his-bed.html

3 장 ▶

Ars Technica, "Jobs on iPhone 4 antenna: "avoid holding it in this way"", 2010. 6. 25

CNET, "iPhone 4 antenna issue: User error or design flaw?", 2010. 6. 25

The Guardian, "Steve Jobs solves iPhone 4 reception problems: 'don't hold it that way'", 2010. 6. 25

아시아경제, "스티브 잡스 "당신 손이 문제"", 2010. 6. 26

전자신문, "아이폰 4 안테나 게이트, 범퍼 제공으로 해결될까?", 2010. 7. 20

Fortune, "America's Most Admired Companies: Steve Jobs speaks out", 2008. 3. 7

Mary Benner and Michael Tushman, "Process Management and Technological Innovation: A Longitudinal Study of the Photography and Paint Industries", Administrative Science Quarterly, Dec 2002, Vol. 47, Issue 4, p.676-706

Mary Benner and Michael Tushman, "Exploitation, Exploration, and Process Management: The Productivity Dilemma Revisited", Academy of Management Review, 2003, Vol. 28, Issue 2, p.238-256

문영미, 박세연 역, 디퍼런트: 넘버원을 넘어 온리원으로, 살림Biz, 2011 (Youngme Moon, Different: Escaping the Competitive Herd, Crown Business, 2011)

Bloomberg, "Apple Engineer Told Jobs iPhone Antenna Might Cut Calls", 2010.7.16

Business Week, "Sorry, Steve: Here's Why Apple Stores Won't Work", 2001.5.20

에이브러햄 매슬로, 왕수민 역, 인간욕구를 경영하라: 심리학자 매슬로의 자기실현과 창의성, 리더십에 관한 경영의 뉴클래식, 리더스북, 2011 (Maslow, Abraham, Maslow on Management, Wiley, 1998)

Gizmodo, "Apple's Glass Stores: A Danger to Birds and Old Ladies?", 2012. 3. 26

4 장 ▶

Wired.com, "Steve Jobs' 6 Sneakiest Statements", 2010. 2. 16

Pete Mortensen, "The Dawn of Apple's Dominance: Digital Hub Strategy, Revisited.", Cult of Mac, 2010. 1. 27

손민선, "애플과 소니의 갈림길", LG경제연구원, 2010. 2. 22

존 네이던, 시사영어사 역, 50년 세계 전자시장을 지배한 소니 4인의 CEO, 시사영어사, 2001 (John Nathan, Sony: The Private Life, Mariner Books,1999)

Karl Weick, Managing the Unexpected: Resilient Performance in an Age of Uncertainty, Jossey-Bass, 2007

Diane Coutu, "Sense and Reliability: A Conversation with Celebrated Psychologist Karl E. Weick", Harvard Business Review, 2003, vol. 81, Issue 4, p.84-90

Thomas Basboll and Henrik Graham, "Substitutes for Strategy Research: Notes on the Source of Karl Weick's Anecdote of the Young Lieutenant and the Map of the Pyrenees", Ephemera, 2006, Vol. 6, Issue 2, p.194-204

LG 생활건강 차석용 부회장 사내 강연, 2005. 6

5 장 ▶

Daily Mail, "The new Apple iPhone 5 will have a bigger four-inch screen against Steve Jobs' wishes", 2011. 11. 23

연합뉴스, "애플, 잡스 반대한 아이폰 5 디자인 강행", 2011. 11. 23

iSuppli, "Mid-Range iPad to Generate Maximum Profits for Apple, iSuppli Estimates", 2010. 2. 10

Apple Annual Report, Quarterly Report, http://investor.apple.com/sec.cfm#filings

삼성전자 사업보고서, http://dart.fss.or.kr/